ハワイに住んでサーフィンしてたら会社やめちゃいました

KENICHI
INAMOTO

WAVE出版

この本は僕がある日、
無職になった一日から始まっている。

自己啓発本でもなければ、
もちろん僕の伝記でもない。
生き方論みたいなもの。

こんな生き方もあるんだと、
自分の未来に夢が持てない人、
社会に出たばかりで自分の選んだ進路が正しかったのか迷っている人、
会社を起業したけどうまくいかない人、
なんだかわからないけど人間関係に悩んでいる人、
そんな人生に少しでも悩んでいる人や、
これからの自分の人生を考えている人の参考になればとも思う。

創業者として20年以上会社を経営してきた僕が、
数年前からハワイに住居を移し、
仕事の傍らサーフィンをし、
いろんな人と出会い、
いろんなことを考えていく中で、
会社をやめるという決断をした。

大事な仲間に会社のすべてを託したその日、
僕は無職になった……。

ハワイに住んでサーフィンしてたら会社やめちゃいました　目次

第1章

START
はじまり

第2章

HAWAII

ハワイ

第3章

LIFE
人生

第4章

WORK
仕事

第5章

THE DAY
会社をやめた日

第6章

DREAM
夢

FRIENDS
人

At Kapiolani Park in front of my condo in Hawaii

編集協力……岡崎優子
本文フォーマット……加藤愛子（オフィスキントン）
写真（本文）……yuya inamoto
DTP……NOAH

第1章

START

はじまり

バーテンダー
～すべてはＢＡＲから始まった

僕の人生はバーテンダーという職業に出会ってから大きく変わった。

むしろ僕の人生、バーテンダーから始まっていると言ってもいいくらいだ。

僕が生まれ育った北陸・金沢の街には呑み屋が建ち並ぶ繁華街があり、実家はそのすごく近くにあった。

小中学校の友だちも飲食店の子どもが多く、幼い頃、そこでよく遊んでいたことを覚えている。

高等専門学校を卒業し、名古屋の芸術短期大学に進学、名古屋で生活し始めた時も、飲食の世界はものすごく近くにあった。

その中でいちばん光り輝いて見えたのがバーテンダーだった。

初めて飲食の世界に足を踏み入れたのは高校時代。

僕は小さなカフェでアルバイトを始めた。

そしてそのお店をきっかけに、スナックやバーなどで手伝いを始めた。

もちろん当時はお酒のことなんて何も知らない。

ただただ大人の世界に入れたことが嬉しくて、楽しかった。

学生だった僕は、バーテンダーの存在がいつも気になっていた。

飲食の世界に入り、お酒を作る所作やお客様との対話、気の遣い方などを見ているうちに、その世界の魅力にどんどんハマっていき、僕はバーテンダーを目指していった。


バーテンダーは〝カウンター〟という板を間にはさむだけで、初めて会った人とも、どんな目上の人とも、どんな偉い人とも昔からの友人のように話すことができる。

まさにマジックボード。

カウンターという板切れをはさむだけで、なぜこんなに話ができるんだろうと思うことがある。

そこから僕は、大人たちのドキドキする話をたくさん聞いてきた。

お客様から見ると、バーテンダーって柱のように見えるのかも知れない。

だからか、お客様はどんどん僕の目の前でいろんな話をしてくれた。

お金の借り方、会社のつくり方から潰し方、女性の口説き方から別れ方まで。

人生のすべてをそこで学んだ。

そのくらい僕の中でバーテンダーは素晴らしい仕事だったと思うし、まだ幼い田舎者の若い僕の気持ちをどんどん大人にしていってくれたのがバーテンダーだった。


大学時代、アルバイトをしていたのは遊び人のたまり場バー。

その熱気はムンムンというより、メラメラといったほうがしっくりきた。

思えば、バブル期の終わりだったこともあり、リッチでギラギラしたオヤジたちがキラキラした女の子たちを連れてきて、クリスマスともなればロレックスやルイヴィトンなどのブランド品のプレゼント交換が目の前で繰り広げられた。

いちばんびっくりしたのはルイヴィトンのキーホルダーにつけられた車のキーのプレゼント……そんな時代だった。


そんな環境の中、僕の大学時代は学校とバーを行き来するだけ。

毎日、授業を終えると夜の街に戻り、大人の世界を楽しんだ。

僕はそのバーで、わずか半年でマネージャーになった。

別に特別な能力があったからすぐマネージャーになれたわけじゃない。

それは僕が勤め始めた時にいた上司のバーテンダーが〝飛んだ〟からだった。

飲食業界ではある日突然、人がいなくなることを〝飛ぶ〟と言う。

これは飲食店にとっては致命傷。

そんな時でさえも、僕はその時間を楽しんだように覚えている。


まずバーテンダーになるためにはお酒を覚えなければならない。

全くカクテルの作れなかった僕。

そして壁いっぱいのお酒と、毎日満席になるカウンター。

得意なカクテル3つだけを出し続ける1週間が続いた。

わからないカクテルのオーダーが入ったら、「はい」と笑顔で返事し、裏に入ってレシピ本を見て、それを手に書いて戻って作る。

そんなことを毎日繰り返していったら、数週間でバーにあるお酒の名前は全部覚え、バーテンダーの技術が身に付いていった。

それをきっかけに、僕はさらにバーテンダーの世界にのめり込んでいった。

バーテンダーという立ち位置で、カウンターのこちら側から見た大人たちはいつもキラキラしていてかっこよかった。

いつかあんな大人みたいになりたいなぁという気持ちと、どうやったらあんなふうになれるんだろうという不安が毎日僕を悩ませた。

今だったら、カクテル1杯1500円くらいは普通に払えるけれど、学生バーテンダーだった僕は、どうすれば1杯のお酒にそんなお金を払えるのかと思いながら作っていた。

キラキラしたものを見れば見るほど自分の気持ちはどんどん荒んでいき、どうしたらあんな素敵な大人になれるのか、見当もつかなかった。

そんなバーテンダーにのめり込んでいく毎日を送っていた僕も、学校を卒業する時にはバーテンダーの道は選ばず、普通に企業に就職する道を選んでいった……。

新卒サラリーマン ～上京するも6カ月で挫折

短大を卒業をし、僕が初めて就職を決めたのは東京の企業だった。

名古屋の学生だった僕は、キラキラした東京に憧れを抱いていた。

とにかく東京にさえ住めればいいと思っていた。

とは言え、僕が通っていた短大は芸術大学。

芸大から普通の企業にはなかなか就職が難しく、そんな僕は迷いもなく、コネを選んだ。

そしてその春から、親のコネで東京の企業に勤めることになった。


勤務先はオフィスを構える田町。

その会社に勤めるため、東京での生活が始まった。

それは僕が思い描いていた華やかなサラリーマン生活とは真逆の生活だった。

お金もなく、住んでいるところは小さなアパート。

その日から、僕にとって憂鬱な日々が始まった。

当時、僕が住んでいたところの最寄駅は目黒線洗足駅。

そこから目黒駅まで出て山手線に乗り換え、田町駅へ。

東京の中でも激込みの満員電車に毎日揺られながら、僕の憂鬱はどんどん増していった。


ただ、僕の中ではいくつか楽しいこともあった。

配属されたのは営業チーム。

任された営業地域は渋谷区域の飲食店回りだった。

この時、僕が担当したのは新商品の営業マニュアルを作る仕事。

渋谷区内を回りながら新商品の営業をする中で、たくさんの飲食店に触れることができた。学生時代に魅了された飲食店にかかわりを持つ時間が増えたことによって、自分のやりたかったことはこれではなかったのかと、新入社員の僕は悩みながら満員電車に揺られていた。


後々気付くことになるが、僕の憂鬱が増していったのは、そんな自分の人生についての悩み以上に、大学時代に付き合っていた大好きな彼女を名古屋においてきたことだった。携帯電話も持てなかった時代。

家の留守番電話を使いながら彼女と連絡を取り合うしかなかったが、何度彼女に連絡しても「東京と名古屋の遠距離恋愛は嫌」の一点張りだった。

そんな生活を半年ほど続けたある日、ぶちっと何か切れる音がした。

次の日、僕は迷わず辞表を書き、提出した。

僕の退職理由は、ただ「大好きな彼女が住む街に帰りたい」だった。

当然、上司や同僚から止められたが、そのまま退職することになった。

誰にも相談することもなく、もちろん次の仕事も決めずに会社を突然やめた。

そして、それまでの僕の人生の中でもっとも楽しい時間、学生時代に過ごした名古屋の街に舞い戻っていった。

こうして、僕の新卒サラリーマン生活は、たった6カ月で終わった。

フリーター
～友だちの家に居候

東京から舞い戻った名古屋の街には、昔からの仲間が笑顔で待ってくれていた。

彼女とヨリを戻すため、会社をやめてまでの想いで戻ってきた名古屋も、友人たちに囲まれる楽しい時間が続くうちに彼女への想いは薄れていき、再び付き合うことはなかった。

家を借りるお金もない僕は、一軒家に住んでいる友だちの家の一間を月1万円で借りることにした。

そこには他にも僕のように間借りする男たちが4人もいた。

そして、そこでの彼らとの共同生活がスタートした。

とは言っても、周りは学生ばかりで、フリーターは僕だけ。

さすがに毎日フラフラしているわけにもいかず、就職活動を始めるものの、特にこれがやりたいということもなかった僕が、すぐ就職できるわけもなかった。

そんな中、自分ができることと言えば学生時代にやっていたバーテンダーしかなかった。

そして、僕のフリーター生活が始まった。

毎日、バーと間借りした家を行ったり来たりする生活は、自分はこれから何ができるのか、どうやって生きていけばいいのかを悩み続ける日々。

何も決まらない自分にいら立ち、ものすごくもやもやしていたことをよく覚えている。

どんどん時間ばかりが過ぎていく中、自分ができることはバーテンダーか、芸大時代に目指していたデザイナーになるか。

その2択しかなかった。

この時も、なぜか僕は大好きなバーテンダーを選ばず、デザイナーの道を選ぶことになった……。

デザイナー×バーテンダー

〜最後に残った好きな仕事

僕が選んだデザイナーの仕事はプロダクトデザイン、工業デザインの世界だった。

プロダクトデザインとはモノ、製品のデザインで、自動車や家電製品、業務用機器といった工業製品から、家具や食器、パッケージなど幅広い製品を手がける仕事である。

もちろん駆け出しの僕は即戦力になれるわけでもなく、そこでの修行の日々が続いた。

そんな見習いの僕の給料はスズメの涙ほど。

にもかかわらず、給料が入るとすぐバーに行っては飲み歩き、後輩や女の子たちに奢ってしまう。３日もすれば給料はすぐに底をついた。

そしてお金がなくなると先輩の後ろについていき、毎日お酒を奢ってもらっていた。

そうしてでもバーに通いたい自分の気持ちをふと考えた時、あることに気が付いた。

僕はお酒が好きなんじゃなく、酒場が好きなんだと。

酒場にいるためにはそこで働くのがいちばん。

思い立ったらすぐ動く性分の僕は、昼はデザイナー、そして夜はバーテンダーという選択をする。

そんな生活は4年ほど続いた。

デザイナーという仕事は非常にクリエイティブではあったが、当時、僕がやっていたプロダクトデザインは、自分がスケッチを描いてから製品になるまで最低でも1年、長いもので2年くらいまでかかる世界だった。

自分がデザインした製品が世に出る頃は、既に古くなっているような感覚さえ受けた。

一方、もう一つの仕事であるバーテンダーは、逆にクリエイティブだと日々感じるようになっていった。

毎日、違うお客様が来て、目の前に来た人のニーズにあわせ、その人にあわせたカクテルを作っていく。

僕の作ったカクテルに対して「おいしい」とか「きれい」とか、その喜びをその場で表してもらえることから、どんどん僕はバーテンダーの仕事にのめり込み、デザイナーよりもバーテンダーのほうがクリエイティブなんじゃないかということを、また悩みだした。

自分が選ぶべき仕事はなんなんだろうと、自問自答する毎日。

そんな時、勤めていたデザイン事務所に出社したある日の朝、透明なガラスで仕切られたコンピュータールームがドカンとできていた。

その中には今のｉＰｈｏｎｅほどのスペックもないのに数百万円もする、一般にはまだ浸透していないプロ仕様のアップルコンピューターがずらりと並んでいた。

そのマシンを初めて使った僕は衝撃を受けた。なんとかそれを使いこなしたいと思った。そこで夜中にひっそりと静まりかえった事務所に居残り、飲食店の企画書を作ることにチャレンジし始めた。

当時はバブルが崩壊し、アパレル関係をはじめ、異業種の人たちがあちこちで、いろんなお洒落なカフェやレストランといったお店をつくり始めていた時代だった。

僕もデザイナーとして学んだことを生かしながら、先輩や友だちから飲食店をつくりたいという相談があれば企画書を作り、そのお店の立ち上げに携わり、徐々にヒットしていくことに喜びを覚えていった。

ある日のこと。僕が通っていたバーの近所にあった果物屋さんの駐車場をビアガーデンにしたらどうだろうというアイデアをふと思い付いた。

また夜な夜なデザイン事務所に残り、期間限定のビアガーデンの企画書を作成。

それが「Ｎｅｇｎｉｌ（ネグリル）」という名のビアガーデンだった。

仲間うちで資金を作り、ビール会社を回って協賛をもらうなどして設備を調達。

足りないところ、自分たちでできるところはすべて自分たちでつくる。

そしてたくさんの仲間の協力を得て初めてつくったビアガーデン、ネグリルは完成した。

ただ、その年の夏は名古屋に台風が３つも４つも来るような大変な年だった。

ニュースは冷夏のニュースばかり。ビアガーデンとしては最悪の夏。

そんな年に、僕の初めてのビアガーデンはオープンした。

だが僕は、そこでの衝撃的な一日を今なお鮮明に覚えている。


８月末日の最終日。

今日はお店にかかわってくれた仲間たちと盛大に祝ってファイナルを迎えようと、僕は車でお店に向かっていった。

すると、いつも渋滞を避けるために通っている裏道までびっしり車の渋滞ができていた。

やっとお店についた時、びっくりするような光景が目に飛び込んできた。

50席ほどしかないお店に何百人もの人が集まっていたのだ。

あまりの混雑に警察が出動するほど。

自分がつくったお店にこんなにもたくさんの人が集まっている光景を見て、身体に電流が走った。まさにエクスタシー。


その時、僕はレストランの仕事が何よりもクリエイティブだと直感的に思った。

何もなかった街が、飲食店をつくることによってエネルギーがガツンとわく。

お酒と食べ物がそこにあるだけなのに、人が集まり、出会いが生まれ、思い出ができる。

それは本当に強烈な興奮と達成感を感じる瞬間だった。

それが僕がつくったお店の1軒目。

そして僕はこの経験から、さらに飲食の道へ惹かれていくことになる。


そんなデザイナー時代。

その後もデザイン事務所で働きながら飲食店をつくる機会にもいくつか恵まれたが、ついに僕はデザイナーをやめる決心をする。

ある居酒屋のリニューアルを頼まれ、その企画を手がけることになった僕は、インテリアデザイナーとして入ってくれた神谷デザイン事務所の神谷利徳に出会う。

その神谷さんから「稲本ちゃん、ズルいよね。お店つくるのって本当に楽しいと思うよ。だけどオープンしたその日から地獄が始まるんだよね。その地獄を乗り越えた時にこそ本当の飲食店の面白さがある。オープン前の楽しいとこどりの稲本ちゃんってどうなのかなぁ……」と言われたそのひと言から、翌日、勤めていたデザイン事務所に辞表を出した。

全くその通りだと思ったからだ。

以後、退職するきっかけとなったその居酒屋の経営にも本腰を入れ、僕は運営委託という形でそのお店の代表者となった。

カフェ経営～飲食人生の始まり

デザイナーの仕事をやめ、独立して初めてつくったお店「ZETTON（ゼットン）」は、名古屋の倉庫街にある古びたぼろぼろの一軒家だった。

その古い昭和初期に建てられた建物を見た時、僕の中で、ここでオープンカフェをやりたいという想いがものすごくわいてきた。

駅からも繁華街から遠く、普通に見ると、飲食店には悪立地だったが、建物の雰囲気がとにかく気に入った。

しかも当時、名古屋にはオープンテラスでお酒が呑める店は1軒もなかった。

しかしその時は、お金の借り方も、人の集め方も、料理の作り方さえわからなかった。

ただただ、そこでお店をやりたいという想いだけが僕を突き動かした。

まず、お金のない僕は投資してくれる人を探し、得意の企画書を作って、何人かの人のところを回った。

しかし、誰もそんな倉庫街の一軒家のお店に投資してくれる人はいなかった。

ただ、最後に回った人からかけられた言葉をまた鵜呑みにし、僕はまた動き始めた。

その言葉は「自分でやればいいじゃん」というひと言だった。


お金もない、人もいない、料理も作れない。

そんな自分がお店をやるという選択は当初、僕には全くなかった。

ところが、その彼の言葉から一気に自分でやることを決心し、カフェオープンに向けて突進することになる。

まずお金。

デザイン事務所をやめたばかりの僕にはお金が全くなかった。

お店をつくるにはざっと3000～4000万円の資金がいると言う。

しかも個人だと貸し付けてもらえない。

すぐに会社をつくり、その当時、お世話になった銀行の支店長を車の横に乗せ、高速道路を飛ばして金沢まで行き、祖母の家を見せに行った。

まだ祖母の確認をとってもいないのに、この土地を担保にしたらどうでしょうかと相談。

その確認を支店長にした後、祖母のところに行き、頭を下げ、家を担保にしてもらった。

当然のことながら、祖母は相当に嫌がった。

それでも何とか僕の要望を飲んでくれ、その土地を担保にお金を借りることに成功した。

そして人、メニュー、ｅｔｃ……。

さんざん苦労した挙句、お店のオープンになんとかこぎつけることができた。


だが、大きな問題が僕たちの前に立ちはだかった。

華々しくオープンしたものの、お店にお客様が誰も来なかったのだ。

後で思えば当然のことだが、11月の少し寒くなった名古屋の倉庫街でオープンカフェを営業しても、誰も来るはずがない。

やっと来てくれたお客様にも「寒いから扉を閉めて」と言われる始末。

重厚な扉を閉めたら、オープンカフェじゃない。

倉庫街の薄暗い、ただの一軒家のカフェになってしまった。

そこで僕たちはいくつかの作戦を考えた。

まず一つはナンパ大作戦だった。

デパートや商業施設の出口から出てくる仕事終わりの女子を狙い、お客様をナンパし、車でお店までその女子たちを運んだ。そして席に座るや否やドリンクをサービス。

その後、再び街なかに戻る。店と街なかを何往復もした。

気が付けばお客様のほとんどが、僕たちからのサービスドリンクを飲んでいた。


そんな明日にも潰れるかのような冬の営業をなんとか持ち越し、春になった瞬間、そのお店「ゼットン」は大ブレイクを果たす。

オープンカフェの本領発揮だ。

資金もなんとかぎりぎりつながり、その後、このお店ができたことにより、その数年後、その倉庫街は人が賑わうお洒落な通りになっていった。

そこでゼットンのテーマの一つである「店づくりは街づくり」というテーマが生まれる。

お店をつくるということは街をつくるということ。

この時、お店そのものがものすごいエネルギーを発し、街を変えてしまう源になることを知った。

もし1軒目のお店が商店街のど真ん中だったり、人通りのある賑やかな場所だったら、お店自体にそんな力があることには気付かなかっただろう。

おそらく2〜3軒のお店をやって終わり。今の僕はなかった。


誰もができる場所でやっても何も残らない。

仕事もそうだが、自分しかできないものをつくらなきゃ意味がない。

既存のブランドをどこからか持ってくるのではなく、自分たちのブランドを新たに築く。

その街にあった、その街に必要とされていることを考えていく楽しさ、その強さをこのお店からたくさん学んだ。


そこから、僕の本当の飲食人生が始まった。

上場企業社長
～１００億円企業へ

お店の経営も順調に軌道に乗り、1軒目のお店「ゼットン」から1年後に2軒目、そして3年後に3軒目と、徐々にお店を増やしていった。

そこでもいくつかの問題点にぶち当たることになる。

お金以上に人のことで、苦悩することも多かった。

雇っても続かなかったり、うまくいかなかったり、お金をもって逃げられたこともたびたびあった。

今思えば、もっと話を聞いてあげれば良かったのかも知れない。

スタッフがクレジットカードを作ろうと思っても作れない。

マンションを買おうと思ってもローンが組めない。

そんなこともたくさん起こった。

悔しいことの連続だった。

社員が彼女の実家に結婚の許可をもらいに行った時、「水商売の人間にはうちの娘は嫁がせられない」と言われたこともあった。

一生懸命頑張っている社員が結婚したいと思った時、仕事が障害になるなんてとんでもないことだ。

夜の仕事、勤務時間が長いなどの理由から、当時はまだ飲食業の仕事はあまり認められていなかった。

そんなマイナスイメージを、会社の信用度を上げることによって払拭したかった。

そんな中、成長性が見込めるベンチャー企業などにも資金調達の場を提供するための新興株式市場が名古屋にもできた。

全く上場など興味もなく、上場企業になることなど意識もしなかった僕は、その頃から上場を意識し始めた。

そして会社の信用度を上げるために、そこを目指すことに決めた。

経営者として考えた時、会社の信用度・信頼度を上げることによって、社員が働きやすくなる。

資金調達もしやすくなる。
何よりも安定的に会社の経営が続けられる仕組みを作りたかった。
そして上場した結果、創業したゼットンは年商１００億円を超える企業に成長した。
その創業から20年。
たくさんの仲間と共につくりあげた会社から、僕は離れる決意をした。

無職

〜会社やめました

そして、僕は無職な一日を迎えた。

第2章

HAWAII

ハワイ

ブレッシング〜余分なものをそぎ落とす

人間は生まれた時は無垢だけど、年齢を重ねるにつれ、知識とか、常識とか、見識とか、認識とか、〝識識〟したものでどんどん埋もれてしまう。

そうなると、自分がどういう生き物なのか、どんな人間なのか、見失ってしまう。

だから、いったん余分なものをたくさん身に付けてしまった自分を取り戻すためには、自ら不必要なものをどんどんそぎ落としていくことが必要じゃないかと思う。

それらをそぎ落としていくのに最適な場所が、僕にとってはハワイだった。

ハワイには〝ブレッシング〟という風習がある。

これは本来、身体、心、感情、環境、エネルギーなどあらゆる領域で障害となっていることや、物事がスムーズに動かない原因などを浄化し、クリアにしてくれるというもの。

ブレッシングの儀式や方法はさまざまだが、ハワイの自然や大地から祝福を受けるため、海水で身を清めたり、風に当たったりするのもその一つ。

ハワイならではの大自然が生み出すパワーで、心身を浄化していく。

だから、サーフィンやＳＵＰヨガなどにはお清めの効果があると言われている。

実際、海に入るとすっきりするのは確か。人から聞いた話によると、マイナスイオンがいちばんあるのは海面上10センチ、森林よりもはるかに多いらしい。

真偽はわからないが、その話がもし本当なら、マイナスイオンをたくさん浴び、その恩恵を最も受けているのがサーファーやトライアスリートということになる。

ハワイに吹く風も３６０度どこから来ようが、少なくとも大気汚染がない海の上を何千キロも流れ通り過ぎているもの。

僕にはそんなハワイの風が特別なものに感じる。

風を感じているだけで、自分の身体が浄化されている感じがすごくしてくる。

そんなハワイの海や風にいろんなものがそぎ落とされ、自分が今すべきこと、やるべきことを考える癖がついたのかも知れない。

どんどん必要なもの、不必要なもの、やれることとやれないことがはっきりしてきた。

気が付けば、ハワイが僕の不必要なものを全部そぎ落としてくれた。

パワースポットの島
〜ハワイのパワーが生活を変える

初めてハワイを訪れたのは約30年前。

その時は観光で、1週間滞在の予定をもう1週間延ばすほど楽しかった。

その後も年に数回ハワイに行くようになり、徐々にハワイで仕事をするようになった。

そしてここ数年、年間の半分以上をハワイで過ごしている。


ハワイは近年、パワースポットが多いことでも注目を集めている。

オアフ島ではペレの椅子やクカニロコ・バースストーン、マウイ島ではハウオラ・ストーン、ハワイ島ではフィッシュ・ポンドなど、ハワイ諸島全体にパワースポットがちりばめられている。

そんなパワースポットに実際に足を運ぶと、なんとも言えない神秘的なパワーを感じることができる。

だが、そのような場所に行かなくても、僕はハワイ諸島全体がパワースポットだと思っている。

地球儀を回しても世界地図を広げて見てもわかるが、太平洋のど真ん中にハワイがある。なんでそこに島があるんだ！　と言いたくなるほど、ぽつんとそこに存在する。

それ自体が奇跡。

それこそハワイ全体がパワースポットと思う所以、エネルギーの象徴だと思う。

歴史的にも、ハワイが存在しなかったら太平洋貿易だってなかったかも知れない。

ハワイがなければアメリカと日本の差はもっともっと開いていたと思う。

アジア全体の発展も遅れただろうし、日本の政治は地理的に近い中国寄りになっていただろう。

世の中、世界のバランスは大きく変わっていたのでは、と思うのだ。

そんなハワイに住んでいると、生活スタイルがどんどん変わり、素の自分を取り戻すことができる。

日本にいるといつもスケジュールに追われがちな生活。

夜中までお酒を呑み、次の日も朝から予定がいっぱい。
だが、ハワイの生活は非常に安定している。
夜は遅くとも1時には必ず寝る。
朝は朝日が昇るとともに起床。目覚まし時計なんて必要ない。
窓からそよぐ風、鳥のさえずりで自然と目覚める。
波があればサーフィン。ない時はランニングしてから仕事へ。
夕方、仕事が終わればまたサーフィンをする。
夜は大好きな人たちと食事をするか、家に帰って自分で作るか。
週末は友人の家でバーベキューをしている。
そんな毎日。

アイランドルール～島に入れば島に従え

ハワイには「アイランドルール」と呼ばれるものがたくさんあり、それはこの島に住むうえで、とても都合よくできている。

例えば、波がある日は「大きなスウェル（うねり）が来た」といって午前中、会社を勝手に休んでサーフィンに行く。

ミーティングはもちろん時間通りに始まらない。

始まったとしても始まるまでの時間、終わってからの時間は非常にのんびりしている。

そこには日本とは全く違う、ゆったりした時間が流れている。

最初はこんなんじゃ仕事にならないと思っていたけれど、ハワイにいる時間が長くなるにつれ、そんなハワイ時間で過ごしている自分がいた。

自分に向き合う時間もどんどん増えていった。

毎日、波も違えば、景色も違う、人も違う。

いろんなものが違うから、飽きることはまずない。

逆にそんな生活を2〜3年送ったら、飽きるどころかどっぷりハマっていった。

それは本当に人間のあるべき姿に近いと思う。

屋外に出れば、子どもたちが元気に遊んでいる。

公園では木登りをする子どもたちの姿をたくさん見かける。

その笑い声と風の音がとても心地良い。


ハワイに住んでいると、自分が本当に大事だなと思うものが明確になっていく。

まず物をあまり買わなくなったし、持たなくなった。

普段の生活で持ち歩いているのはスマートフォンと小さな財布だけ。

新しいサーフボードも欲しいし、新型の自転車も欲しいから、物欲がなくなったわけじゃない。

必要なものが見えてくるというか、自分を大きく見せる必要がなくなってきたから、着飾らなくなったのかも知れない。

高級車に乗り、レストランで高級ワインを開けまくる生活に憧れた時期もあったが、年齢を重ねると共に、そんな生活から遠ざかるようになった。

だからハワイに行き始めたのかも知れない。

あるいは逆に、ハワイによく行くようになったから、そんな生活に興味がなくなっていったのかも知れない。


自分でもよくわからないが、間違いなくハワイが影響していることは確かだ。

不必要な物を持たなくなった代わりに、必要な物は大事にするようになってきた。

10年前に買った革ジャンや5年前に買ったデニムはいまだに着ているし、靴は黒いブーツ、白いスニーカー、あとはビーチサンダルだけ。

同じような物を買ったら、どんどん人にあげる。

3年前に買ったビーチサンダルはいまだ壊れない。

思えば、物持ちも随分良くなった。

カジュアルスタイル〜Tシャツとビーサン

ハワイで呑んでいると、みんなが本音で話してくれる。

ハワイの空気がそうさせてくれるのか、人を素直にさせてくれているのか。

それはなんとも説明がつかないが、ハワイで話をすることって、実はすごく大事なことなんじゃないかと僕は思う。

ハワイにいる時は、人と会う時ですら、みんなTシャツにビーサンとすごくカジュアル。

その服装やスタイルが、人をカジュアルにしてくれるのかも知れない。

だから、ハワイで喧嘩をすることってあまりない。

繁華街がワイキキに集中しているからか、日本にいたら会えなかったであろう人にも、街なかでばったり会うこともよくある。

バーで呑んでいると、いろんな人が次々とやってきて、気が付けば10人くらいになっていることもしばしば。

結局、ハワイが人を惹きつけ続けるのだろう。

そして十数年前から始め、サーフィンと同じくらいハマったトライアスロンも、自分のペースで楽しんでいる。

そもそもトライアスロンのお陰でハワイに行くことが多くなった。

そんなトライアスロンのトレーニングも、毎日やらなきゃいけないことじゃない。

波が良ければサーフィンで、波が悪ければランニング。

久々に20キロ走っておこうかという晴耕雨読の世界。

いや、耕しも読みもしないけれど、自然には逆らえない。あるがままを受け入れる世界である。

そういう意味でも、ハワイは自分の人生に大きな影響を与えてくれた場所だ。

コナコーヒー
〜ハワイアン・カルチャー

僕がハワイにのめり込むことになったきっかけは、約20年前、あるプロジェクトでハワイアン・コーヒーの販売に関わる会社の経営に携わることになってからだ。

当時、名古屋でレストランを運営しながらコーヒーを輸入するため、ハワイと日本にある2つの会社に携わっていた。

コーヒー豆の品質を勉強していた僕は年に数回ハワイ島に行き、まずはコーヒー農園の中で寝起きをした。

コーヒー豆を育てている農家の人たちと共に生活することにより、ワイキキだけのハワイから本物のハワイの魅力にハマっていった。

自分が思っていた以上に、どんどんハワイの深さを感じるようになっていったのだ。

オアフ島以外の島を知り、ハワイってなんて広くて深いんだと思ったし、ハワイに住む人たちの自由さとエネルギーにも直接触れ、それがどんどん自分の中に入っていった。

一方、商売のほうは苦戦の連続。

当時からハワイのコナコーヒーは高価で、コーヒー豆だけを売っていても全然儲けにはならなかった。

そこで、単にコーヒー豆を売るのではなく、ハワイアン・カルチャーの中にコナコーヒーを位置づければ、自然にコーヒー豆の消費が上がっていくのでは、と考えた。

スターバックスやタリーズなどに代表されるシアトルコーヒーは、豆の種類ではなくスタイル。

それを確立させ店舗が増えたのだから、ハワイのコーヒースタイルを作れば、もっと売れるんじゃないかと思ったのだ。

そして誕生したのがハワイアン・ダイニング「アロハテーブル」だった。

しかし厳密に言うと、「アロハテーブル」はハワイ発祥の店ではない。

日本に数軒「アロハテーブル」をつくった後、改めて考えた。

本物のハワイアン・カルチャーを伝えていくには、ハワイに「アロハテーブル」をつくらない限り、リアル・ハワイアンにならない。

僕はハワイ風の店ではなく、ハワイにある本物のハワイアン・レストランをつくりたかったのだ。

そこで「アロハテーブル」をハワイにつくるため、そして創業の魂をぶち込むため、ハワイにいる時間をどんどん長くしていった。

そして日本でのオープンから3年後、「アロハテーブル・ワイキキ」をオープン。

ようやくこれで「アロハテーブル」という名のレストランをハワイに持つことができた。


ただ、ハワイでお店をつくるのは本当に難しい。

まず、スケジュール通りにいかない。

店舗物件を決めたとしても〝パーミット〟（日本語で言うと許認可）が山ほど必要。

その手続きには恐ろしく時間がかかる。

結果、出店計画もままならず、オープン日もなかなか決まらない。

そんなことが山のようにあった。

よほど強い意志がないと、開店までこぎつけることはできない。

ハワイ出店のノウハウ本を書けと言われれば、実体験を含めてめちゃくちゃ細かく書けるだろう。

本当にこの島は、びっくりすることばかりだった。

しかも、毎日の生活に欠かせない食材はメインランドからの輸送が主なだけに、恐ろしく物価が高い。

加えて、税金も家賃も高いことから、アメリカのMoneyRates.comというサイトが行った調査によると、住みにくい州のワーストワンになっている。

そんな場所ではあるが、みんながハワイに住みたがる。

家賃が高いのは裏返すと、住みたい人が多いから。

そんなことが気にならないくらい、世界で唯一無二の素晴らしい場所がハワイだ。

フォトジェニック・ハワイ
～素晴らしい景色の中に生きる

僕が今、住んでいるのはダイヤモンドヘッドの麓、ゴールドコーストというオールドタウン。ハワイで最初にコンドミニアムが建った地区で、僕のコンドは１９５３年、ハワイがアメリカの州になる6年前から建っている。

ハワイには古いものと新しいものが混在している。

いくつかのアメリカの州を訪ねたことがあるが、こんなに古いものを大切にしている州は他にはないんじゃないだろうか。

アメリカの州は50あるが、最後の州として加盟したのはハワイである。

アメリカの国旗も、ハワイが州に加盟し、最後の星が一つが加わったことから固定され、完成された。州は以後、増えていない。

何よりもアメリカ合衆国の中で、唯一、王国があったのはハワイだけ。

王宮・宮殿も、広いアメリカ合衆国の中でハワイにしか存在しない。

そんなアメリカ人の誇りの場所でもあるハワイ。

そして僕が今、住んでいる家の場所も含め、こだわっていることが一つある。

それはハワイの景色だ。

人が生きていく中で大切なことはいくつもあると思うが、その中で僕がとても大切に思っていることの一つは、素晴らしい景色を見ることだ。

素晴らしい景色を見ること＝素晴らしい景色の中で生きること。

これは自分の人生のテーマの中ですごく大事なことだと思っている。


ハワイに住んでいると毎日がフォトジェニック。

朝、サーフィンをしながら見る朝焼けはとてつもなく美しいし、昼、スコール後のダブルレインボーは何度見ても感動する。

そして、毎日人が海岸線に溢れ出るサンセットは、ほかで見る色とはまるで違う。

そんなハワイの景色にも、僕は毎日癒され続けている。

第3章

LIFE

人生

「逃げ」の人生

振り返れば、僕の人生は「逃げ」の人生だった。


始まりは高校受験。

金沢の実家は繁華街近くにあり、子どもの頃はその街なかにある小中学校に通っていた。場所柄か、中学校は勉強しないほうがかっこいいくらいの環境で、高校に行かない奴はざら。

僕も勉強は嫌いだったし、高校なんて行かなくていいかなと、なんとなく思っていた。

ところが3年生になって、やっぱり高校くらいは行っておこうかなという気になった。

しかし、受験勉強なんてしたくないし、担任からは今から勉強しても無理だと言われた。

そんな受験から「逃げ」たい一心で、バスケットボールのスポーツ推薦で入れる金沢工業高等専門学校を見つけ、バスケットボールの試験と簡単な筆記試験だけで合格できた。

受験から「逃げ」て進学した高専は5年制の男子校。

バスケットボール部に入るも、スポーツ推薦をとるくらいの強豪校だから、部活動の練習は相当にきつい。

加えて、僕は顧問の先生とのそりがあわなかったことから、まさかの3カ月で退部した。

これも今思えば、つらい練習から「逃げ」たかったからだった。

ただ、スポーツ推薦で入学した以上、在学中は体育系の部活動を続けなければならない。

そんな中、たまたま足が速かった僕の走りを見て、陸上部の先生が声をかけてくれた。

陸上の練習ならまだ楽かもしれないと、ひっぱられるまま陸上部へ。

強豪のバスケットボール部から「逃げ」た僕は、安易に陸上部に移った。

結果的には100メートル選手として高専の北陸代表に選ばれ、全国大会に出場するなど実績を残すこともできた。


クラスメートは卒業後、ほとんどが就職。

僕はスポーツ推薦だから成績は後ろから数えたほうが早かったが、上場企業や大手メーカー、成績が悪くても地元の企業に大体は就職できる優秀な学校だった。

ただ、当時の僕は就職するのが嫌でたまらず、またもや土壇場になって「逃げ」を選ぶ。そして進学を希望。通っていた学校が金沢工業大学の付属校だったこともあり、陸上部枠で大学に編入できるシステムに乗っかることにした。

試験は事前に4つの課題が与えられ、うち2つが試験に出るというゆるさ。普通に覚えれば、何の問題もなく進学できるはずだった。

だが、根っから怠けものの自分は、ヤマを張って2問しか覚えなかった。50点が合格ラインだから1問正解すればいい。ところが、まさかの覚えなかった2問が出て0点。せっかくスポーツ編入できる話だったのに、「0点じゃどうにもならん」と担任にも言われた。

編入試験も失敗。

呆れたオフクロが一生懸命、勉強しない僕でも受験できそうな大学をいくつか探してくれた。

勉強嫌いな学生によくありがちだが、僕も体育と美術の成績だけは昔から良かった。絵には多少の自信があったし、好きだったこともあったことから、受験から「逃げ」たいがために芸術大学への進学を考えた。美術の先生のところに2週間通い、オフクロが探してきてくれた、デッサン試験一発の名古屋造形芸術短期大学を受けてみた。

結果は合格。

後にも、先はどうだかわからないが、高専から芸大に行ったのは僕だけ。

要するに「逃げ」て、就職したくなかったからである。

しかも進学した短大は7割が女性。高専は男ばかりだったので、ハジけないでいられるわけがない。サークル活動もいわゆるナンパ系サークルを立ち上げ、夏は海、冬は雪山のツアーを行い、その合間に飲み会やクラブパーティーを企画。

とにかく学生生活を楽しみまくり、チャラチャラと過ごした。

芸大には服飾デザイナーやグラフィックデザイナーとか、デザイナーになりたい人がいっぱいいたのに、その時点で、僕は将来のことを考えることからも「逃げ」続け、何の将来の目標も持っていなかった。

そんな僕はそのままの流れで就職活動からも「逃げ」、親のコネを使い、東京にある会社に就職を決めた。

そして前章でも書いた通り、就職した会社も、名古屋に好きな彼女を置いてきたという理由から半年で退社した。

会社の人も驚いていたが、実のところ、満員の通勤電車に乗って通う生活が耐えられないことを、好きな彼女のことを理由に「逃げ」たかったのだ。


名古屋に戻った僕は友だちの家に居候し、フリーターをしていた。

そこからなんとかデザイン事務所に就職したものの、給料が入ればすぐに飲みに行き、お金がなくなる生活。そこで、好きな酒場でバーテンダーとして夜も働き始めた。

自分の人生と戦わず、「逃げ」に「逃げ」続けた僕の目の前に残ったのは、デザイナーとバーテンダーだけだった。

気が付けば、この二つの仕事は今まで「逃げ」続けていた僕にとって最後に残った、どちらも捨てきれない仕事。

これ以上、仕事を捨てきれないところまで「逃げ」て「逃げ」て「逃げ」続けて、やっと僕の前には大切な仕事が二つだけ残った。

嫌なことはやらない

昔から「何かをしたい」という強い意志はなく、常に流されてきた。

はっきりしていたのは「嫌なことはやらない」こと。

受験、部活動、就職、サラリーマン生活——嫌なことから「逃げ」続けたからこそ、しがらみ、迷い、欲、打算などが人生からどんどんそぎ落とされ、好きなものだけが残った。

「嫌なことでも我慢しろ」「好きなことばかりやれるわけじゃない」と一般的によく言われることだが、僕は自分を誤魔化してまで嫌なことをやり続ける必要はないと思う。

嫌いな人と無理に付き合ったり、嫌いな場所に居続けることもない。

好きなことを見つけることはとても難しいが、嫌なことはやらないと決めれば、いつかは好きなことが見つかるものだと僕は思って生きてきた。

お陰で僕のこれまでの人生、いつどこの時代に戻ってもいいくらい楽しかった。

人生は判断の連続

とにかく20代前半までは、嫌なことをしたくないがための、「逃げ」まくりの人生。そんな「逃げ」の人生の中ではあるけれど、目の前にあるとっさの判断からは「逃げ」きれないこともたくさんあった。

まさに直感が勝負。

自分の直感を信じ、ＹＥＳかＮＯを判断し続ける。

思えば僕の人生を変えた大きな判断は、バーテンダーをやれるか、やれないかと聞かれた時、やれもしないバーテンダーを「やれる」と言ったことだった。

そこから僕の人生は大きく舵を切っていった。

僕がこの仕事についていることを考えてみると、そもそも飲食のアルバイトはしていたが、本格的にバーの世界にのめり込んだのは、僕の上司がいなくなったことから始まる。

上司のバーテンダーが〝飛び〟、オーナーから「一人でやれるか？」と聞かれた時の返事一つで、僕の人生は決まったかもしれない。

「やれません」と言ってしまえば、きっとそれまでのことだっただろう。

ただ、闇雲になんとなくやれる気がした自分、そしてやりたいと思った自分が、全くやれもしないバーテンダーの仕事を「やれます」と返事をした。

なぜこの時、そんな返事をしたのかはわからないけれど、今思えばこの日の決断が大きかった気がする。

もしかしたら僕は自分のバーテンダーとしてのセンスとか、素質みたいなものを気持ちの奥のほうで気が付いていたのかも知れない。

ただ、頭で考えると言うよりは、気持ちの底から「やれます」という言葉が急に、コンマ何秒かの世界で出てきた。

その日のことは、今も自分のエピソードとして強く覚えている。

落とし前をつける

「落とし前をつける」とは、あまり聞こえのいい言葉ではないが、僕にとってはとても大切な言葉だ。

たくさんの判断が毎日求められるが、判断をするということは自分が言ったこと、返事をしたことに落とし前をつけるということだと思う。

「はい」「いいえ」と、その場でやれるか、やれないかわからないことも、人生の中で「はい」と言ってしまうこともたくさんある。

言った後に落とし前をつける、これが大事。

思えば自分の人生、落とし前の連続だった。

落とし前をつけられるもの、つけられなかったものもいろいろあったけど、ほとんどのものが落とし前をつけられたと思っている。

いや、どちらかと言えば、落とし前をつけるために、人生ずっと背伸びをして生きてきた気がする。

地に足がついていなければいけないとは思うけれど、いつも背伸びしながら、できないことをできるようやってきた。

届かないところまでジャンプするのは危険かもしれないが、人生とはいつも足の裏の長さ分だけ背伸びをしていくものだと思う。

ドキドキを見つける

目の前で起きることの判断については、僕はできるだけシンプルにしたいと思っている。なぜなら好きなことは必ずシンプルだから。

嫌いなことをする時は、やらない言い訳をたくさん考えてしまう。

ところが、好きなことはまず「好きだから」という明確な理由がある。

「これをやってくれ」と言われた時、いい加減な安請け合いはできないが、やってみなければわからない。少なくとも僕は、やってみなければわからないことに興味がある。

同様に、会ってみなければわからない人には会ってみたいし、行ったことのない場所には行ってみたい。やってみたことのないこと、会ったことのない人、自分が予測できないことにはいつもドキドキしている自分がいる。

迷った時はドキドキするほうを選ぶ。それが好きなことを見つける方法かもしれない。

同じ道を通らない

小学生の時、1日たりとも同じ道を通りたくないと、頻繁に寄り道していたことをふと思い出した。

新しいものにぶつかるんじゃないかと期待に胸を膨らませ、行ってみなければわからない道を通るのが大好きだった。

そういう意味では、昔から僕は何ら変わっていないのだろう。

人生もそうであってほしいと思っている。

同じ道を繰り返すのではなく、同じことをやり続けるのではなく、いつも違う道を歩き、違うものにぶつかっていきたい。そんな感覚が僕は大好きだ。

今でも歩き慣れた道の裏道には必ず何か新しい風景が広がっていて、新しいビルができたり、何かがなくなっていたり、花が咲いていたり、人に出会ったり……。

だから人生もそうありたいと、偶然の出会いみたいなものに期待している自分がいる。

人は人にしか磨かれない

僕が人生でいちばん楽しみにしていることの一つは、人との出会い。

ある意味、自分の人生は、この出会いの連続からつくられているとも言える。自分の人生とは言うが、必ずその人生には人の人生も重なっている。

自分自身を誇らしく思うことはほとんどない自分だが、唯一僕が自慢できることと言えば、僕の周りにいる人。エネルギーに溢れてキラキラしている友人、後輩、先輩。

僕の友人たちを見て誇らしく思うことは多々ある。

本を読むことや、人の話を聞くことも大事だけれど、結局、人は人にしか磨かれない。


人に磨かれることは、ある意味、相関している。

自分も相手を何らかの形で磨いていけるような人間になっていかないと、その人間関係の中からは弾き出されてしまう。

人は男女だろうが、先輩後輩だろうが、磨かれるだけではなく、磨き合うものだと思う。

人を紹介することが僕は昔から好きだった。

友人を紹介し、喜んでもらえると、その友人が評価されているようで嬉しくなる。

また、友人がそこからチャンスを掴み、仕事や人脈が広がることも嬉しかった。

人と人をつないでいくこともまた、彼らの人生を重ねていくことにつながる。


その後、紹介した人同士が仲良くなり、何か事業をし始めると、「彼らを引き合わせたのは俺なんだ」「俺が紹介したお陰だよ」と自慢したりやっかむ人がいるが、それは傍から見てもかっこ悪いし見苦しい。

彼らが合うと思い、紹介したくてしたのだから、誰が紹介したかって関係ない。

紹介された側が感謝するのはもちろんだが、紹介した側が「俺のお陰」なんて1ミリでも思ったら終わり。だったら最初から紹介なんかしないほうがいい。

ビジネスだけの話ではないが、世の中、そういうことの連続。

恩を感じることは大事だけれど、恩を売るようになったらNG。これは絶対ダメだ。

人のために時間を使う

自著『本音の飲食店』（柴田書店）の「強運」という章でも、「強運より強縁になろう」と書いたけど、昔から僕は「縁」をすごく大事にしている。

縁はよく「深さ」で語られるが、縁というのは「長さ」と「太さ」で決まると思う。「長さ」とは時間、「太さ」とは想いの強さだ。

どれくらい長い時間を、どれくらい相手と真剣に付き合ってきたか、相手のことを想ったかによって、縁の深さは決まる。縁の深さ＝長さ×太さ、とでも言うのだろうか。

だからいちばん縁が深いのは両親。その次が兄弟姉妹。もちろん、じいちゃん、ばあちゃんも生まれた時から一緒に住んでいれば、それだけ縁が深い。

親族は縁が切れない、絶対的なもの。

小学校の同級生は今やつながりも薄くなっている人も多いと思うが、そこを大事にできないってことは、目の前にいる人も大事にできないんじゃないかなと思う。

だからこそ、彼らとの縁はすごく大事にしたい。

義務教育とは言え、そこで6年間一緒に過ごしたことが、今の自分につながっているのは間違いないから。彼らは自分の性格を形成してくれた最初の恩人でもある。

そういう軸があればぶれない。

人と付き合ううえでのプライオリティは、そういったものさしのつくり方だと思う。


人に完全に平等に与えられたものの一つが時間。

それを誰かのために使うことがいちばん価値あることだと僕は思う。

たとえば、プレゼントはそのものの価値より、その人が相手のことを思って、考えながら選んでくれる時間に価値があると思う。

時間はそんなに簡単には使えない。

そんな僕の中での最高のプレゼントは、人のために時間を使うことだ。

お金の価値観

お金の価値は人によって千差万別だと思っている。

もちろんお金は生きていくうえでとても大事なものだ。初めてアルバイトをして自分で稼いだお金を手にした時、ものすごく嬉しかったことを覚えている。

ドルだったり、ユーロだったり、元だったり……。いろんな貨幣の中、今ではビットコインまで生まれ、お金の姿すら変わろうとしている時代になったのではないだろうか。


お金にはいろんな役割があると思う。

自分のお腹をいっぱいに満たしてくれたり、自分を好きな場所に運んでくれたり……。

これもお金がなくてはできないこと。

一緒に働いてくれた人に「ありがとう」の言葉を添えて渡すお金、自分の大事な家族にたくさんの経験をしてもらうために渡すお金、本当にお金にはたくさんの役割がある。

僕のお金に対する価値観をしいて言うなら、世界中どこでも、たとえ南極であろうが、ブラジルの山奥であろうが、友だちから遊びに来いと呼ばれた時には、すぐに駆け付けられるだけのお金は持っておきたいし、それくらいは稼いでおきたい。

もちろんおいしいものは食べたいし、財布にお金がなくなると不安にもなる。

だけど、おいしいものを食べるというよりは、誰と食べるかを気にしたいし、財布の中のお金がなくなれば、誰かに連れてってもらおうと考えることのほうが楽しい。

好きな人とご飯を食べるなら、毎日何を食べてもおいしいと思う。

時代が変わっていくことによって、「モノ」より「コト」、「お金」より「時間」のほうがどんどん大切になっている。

「お金」を「モノ」に変えることより、「お金」を「コト」に変えることのほうが、断然興味がある。

また、「モノ」が「お金」を生む時代から、「コト」が「お金」を生み出す時代に変わってきているのではないだろうか。

劣等感

お金に対して、僕はハングリーな人をたくさん見てきた。

もちろんお金だけではなく、いろいろな「モノ」や「コト」に対し、ハングリー精神を持った人が経営者にはたくさんいる。

だが、実は僕はあまりハングリーではない。

ハングリーではないことにすごく劣等感がある。

家が貧乏だったわけではなく、身体も大きく生んでもらい、勉強はできなかったけど、学生生活も楽しく過ごし、いつも先輩や友人に恵まれ、お金に困った時もご飯をご馳走してもらい、どちらかというと順風満帆に生きてきた。

もし無人島を買いたいだとか、宇宙に行きたいだとかいう目標があれば別だが、そんな目標は僕にはない。

そんなハングリー精神のない僕は、経営者にはあまり向いていないかったのかも知れない、と思うことがある。

だけど唯一、モノをつくり出す、世の中に今ないお店、新しい業態をつくり出すことだけにはハングリーになれたような気がする。

もっとほかのことにもハングリーになれれば、違う人生があったのかも知れない。

だが、僕はレストランを通じて世の中にクリエイティブを発信してきたし、これまでやってきたことへの自信はある。

そんなハングリーさだけは、これからも持ち続けていきたい。

自分のものさしを持つ

僕の50歳の誕生日の会で、名古屋の親友であり、先輩でもあるジェイグループの新田治郎先輩に壇上で挨拶をしてもらった。その時、彼に言われて気付いたことがある。

彼は僕を紹介する際、「稲本ってすげぇ奴だなぁと思ったことが一つだけある」と言うのだ。そして僕を見ながらこう言った。「こいつって人のことを羨ましいって思ってないんだよね」と。確かにそうだ。

この人がこれを買ったからそれ以上の物がほしい、あの人があんな家に住んでいるから僕もこんな家に住みたいと、まず人と自分を比較したことがない。自分らしくこう生きたいという欲求は強いが、人と比べて自分をどうしたいと思ったことがほとんどない。

だから人のことを喜べるというか、がんばっている人は本当にがんばっていると思えるし、がんばって会社を大きくした後輩たちには心から「すごいなぁ、おまえ」と言える。

逆に、事業に失敗した人がいても、その人を見下すような想いはもちろんわいてこない。

自分の人生の中で、自分らしく強く生きたいと思えば思うほど、人と自分を比べることがばからしくなる。人を羨むということは、ある意味、人のものさしの上に乗っているのと同じようなことだと僕は思う。やはり自分の人生には、自分のものさしを持っていたい。

何が大事かを決めるのも自分。どうしたいかを決めるのも自分。

自分で決めたことに責任を持ち、自分らしい人生を生きたいと強く思えば思うほど、人のことは気にならなくなる。

これは人に興味がない、ということではない。

それもこれも、自分の人生を自分らしく生きたいと強く思った結果だと思っている。

１００人いれば１００人分のものさしがあり、そのものさしはどれも正解だと思う。

人生でものすごく必要なことの一つは、自分のものさしを持つことじゃないかな。

だけど、そのものさし自体、毎日変化し続ける。おそらく死ぬまで変わり続けるだろう。

自分のものさしを決めた時に大事なことがもう一つある。そのものさしを人に当てないことだ。人は他人のものさしを自分に当てられた時、嫌な思いをすることが多い。

人それぞれのものさしを持って生きていることを、しっかり受け止めて生きていく。

これもまた人生を、自分らしくするために大切なことだ。

SNSに溺れない

今、世の中で生まれてくる羨ましさや妬みなどの感情は、InstagramやFacebookなどのSNSから生まれてくるものが多いのではないだろうか。

小さな画面から毎日、溢れるように流れてくる情報はどれもキラキラしていて、そこに自分が入っていないと、取り残されたような、何か自分もその中で発信をしなくてはいけないような、そんな脅迫観念さえ生まれてくる。

結果、自分を大きく見せるために嘘をついたり、リアルではない自分を演じ続ける人も生まれてきている。

もちろん小さな画面から伝わる情報には有益なものもたくさんあり、そこから自分の知らないことを知ることはすごくいいことだと思う。

だけど、その情報にこだわりすぎて生きていくことは、とても寂しいことだと僕は思っている。

もし少しでもその情報の波に疲れたら、遮断することだって可能だ。

人は自分が思うほど、自分のことを気にしていない。

自分がＳＮＳの中からいなくなったって、人生にはなんら影響がない。


現に、全くＳＮＳから発信することもなく、全く見ることもなく、豊かに素敵に生活している人にこの頃よく出会う。

そんな人たちの豊かさは、ＳＮＳからは到底伝わらない。

僕もＳＮＳで発信はしているが、それは自分の生き方や考え方の一部を人に伝えるため。

そして美しい景色や素敵な出来事を仲間とシェアするため。

自らが編集長の雑誌のように考えている。

自分が作る雑誌なんだから、廃刊しても休刊してもいい。

誰に読まれるかもわからない、誰が見ているかもわからない。そんなＳＮＳの使い方をそろそろ考えていかなくてはいけない時代になってきたんじゃないだろうか。

だけど僕はまだ、しばらく自分の雑誌を発刊し続けようと思っている。

糞にはハエがたかる

世の中に溢れ出る情報に埋もれ、流され、これまでなかったような悩みを抱える人も増えている中、ほとんどの人が持っている悩みは人間関係だと思う。

これは一生なくならない。

僕が講演会などで質問を受ける時も、人に関しての質問がものすごく多い。

「アルバイトが辞めてしまうんです」

「従業員が続きません」

「どうしたら人の問題がなくなるでしょう」

そんな問いに僕は必ずこう答える。

「飲食業を選んだ以上、この悩みは一生続きます」と。

ある意味、飲食業＝人で悩むことだと思っている。

前章でも書いたように、人で悩むことによって、自分が磨かれていくこともある。


ただ一つだけ、やめておきたいことがある。

自分の周りにいる人のことを、悪く言う人がたくさんいる。

気付いてほしい。

自分の周りの人のことを悪く言えば言うほど、自分が悪くなっていくだけなんだと。

このことを伝える時に、僕がよく使う言葉がある。

「糞にはハエがたかり、花には蝶が舞う」

自分の周りにハエがたくさんたかっているとすれば、その人は結局、糞になっている。

自分の周りにいる人たちが蝶のようにきれいに舞っていれば、きっとその時の自分は花になっている。

糞になるのも自分、花になるのも自分。

幸い僕は、自分の周りにたくさんの蝶が舞っている気分で今はいることができる。

おそらくまだまだ小さいけれど、小さな花を咲かせているという自信はある。

いつまでもハエがたからないよう、花を咲かし続けたい。

エネルギーは無限大

よく人から「なんでそんなにいつも元気なんですか？」と聞かれる。

確かに、僕自身もよく自分のことをなんでこんなに元気なんだろうと思うことがある。

だが僕の周りには、僕なんかよりも元気な仲間や先輩たちがたくさんいる。

その人たちの生き方を見ているといつも思う。彼らは毎日全力投球だ。

呑み屋にいても最後の1杯までエネルギーの高い、熱い未来の話をし続ける。

この人、いつ寝ているんだろうか、次の日、起きれるんだろうか、と思うこともあるが、必ず次の日、SNSで朝早くから行動している姿を見る。

その人たちを見るたびに、僕もがんばっていこうと思う。


僕自身、前の日どんなに深酒をしようが、次の日、早朝一緒に走る約束をしていれば、必ずそこにいる。健康にいいか悪いかは別として、そこに行きたいというエネルギーが僕の目を覚ます。そしてランニングシューズを履き、必ず約束の場所に行く。走っている最中、一緒に走っている人から酒臭いと言われることもあるが、走り終えたその時はそのお酒も全部抜け、その日一日を充実して過ごすことができる。


改めて、人のエネルギーって無限大なんだなぁと思う。

人のエネルギーだけは出せば出すほど大きくなっていく。

決して人のエネルギーは貯めることはできない。

毎日毎日、前つんのめりで全力投球の人であればあるほど、次の日はさらにたくさんのエネルギーを得ることができ、そのエネルギーを出していけるんじゃないか。

この想いは若い時からずっと変わらないし、これからも変わっていくことはないだろう。

ただ、体力はおそらくいつかは落ちていく……。

その時も、この気力さえあれば、いつまでもモノづくりへの情熱を傾け続けることができると僕は信じている。

だから人のエネルギーは無限大。

トライアスロン

人生に大切なものは家族や仕事などたくさんあると思うが、人生というものをライフスタイルで語るとすると、今の僕のライフスタイルにスポーツは欠かせない。

もともとスポーツは大好きだが、特にトライアスロンとサーフィンは自分の中で非常に大事なものだと思っている。

この年になっていろんなスポーツを楽しめるのは、トライアスロンのおかげ。

十数年前からトライアスリートとしてのライフスタイルを送っている。

トライアスロンはスイム、バイク、ランの3種類の競技のバランスからなる〝キング・オブ・スポーツ〟と呼ばれる競技。

同じものを繰り返しやることが苦手な僕は、3種目あるこの競技が大好きだ。

トライアスロンは少し人生に似ている。得意なものを伸ばしながら、苦手なものを補っていく。

そんなバランスが必要なこの競技は、僕の仕事や人生にも大きく役立っている。

「なぜトライアスロンをやるんですか」とよく聞かれる。僕の中の答えはこうだ。

人生や経営者という仕事にはゴールがない。

人生はもちろん一生続くし、経営も長い時間続いていく。

だが、時として人生にはゴールがほしい時もある。

そんな時、この3種目をこなしてゴールに入る快感はたまらない。誰に勝ったとか、何に勝ったじゃなく、やりきった自分、ゴールできた自分に、ものすごくすっきりする。

ゴール後の開放感はどのスポーツでも味わえない格別なもの。ゴールゲートをくぐった瞬間、達成感とはまた違った開放感がある。

これはオリンピックディスタンスでも長い距離のアイアンマンでもそう。だからきっと経営者の人たちはトライアスロンにハマっていくんじゃないだろうか。

よく聞かれることなのでここでも書いておくが、トライアスロンを始めたきっかけは呑み屋での約束からだった。

友人のインテリアデザイナー、森田恭通たちと呑んでいた時に作家の甘糟りり子と会い、彼女からロンドンマラソンのドキュメントの本を書いていると聞いた。その話で盛り上がった時に誘われ、じゃあ走ってみるかと数名の仲間たちとロンドンに行った。

驚くことに彼女にはアディダスチームがサポートにつき、トライアスリートとして有名な白戸太朗選手がコーチとして招かれていた。

ただその時は彼のことをよく知らず、一緒に食事をした時も「トライアスロンやっているなんて変態だよ、俺にはやれねぇ」と言っていたくらい何の興味もなかった。

ところが帰国し、Ｆｒａｎｃ ｆｒａｎｃ（フランフラン）の社長であり、友人の髙島郁夫さんにロンドンマラソンの土産話をしていたら「白戸太朗ってすごい有名な選手だよ。彼の全盛期にトライアスロンがオリンピック種目としてあったら間違いなく日本代表。会いたいなぁ」という話になり、その場で白戸選手に連絡を取り、紹介することになった。

髙島さんは昔、トライアスロンの大会に参加したことがあるらしく、彼のこともよく知っていた。

僕がお店の人たちと話している間に二人は盛り上がり、やりましょうという話になったのだろう。いきなり「イナケンもやるよな？」と髙島さんから声がかかった。

状況もわからず、何か面白いことでもやるのかと思い、「わかりましたー」と調子よく答えたら、「今、わかりましたって言ったよな」と髙島さんの満面の笑顔が近づいてきた。

「え、何がですか？」

「トライアスロンだよ」

「えー絶対無理です、泳げません」

すると白戸選手が責任をもってコーチをしてくれると言うので、「じゃあやりますか」と約束。ただ彼は一度だけみんなに教えてくれたけれど、その後、初レースに挑むまで教えてもらう機会は一度もなかった。

結局、自分で自転車を買い、プールに通い、闇雲に泳ぎの練習をして半年後、初めて臨んだ大会は世界最大級の大会、ロンドン・トライアスロンだった。

そこからすっかりその魅力にハマり、今や自他共に認めるアスリート経営者と呼ばれるようになった。

サーフィン

そしてサーフィン。

もともとサーフィンは若い頃からやっていたものではなく、トライアスロンの後のメンテナンスとして始めたものだ。だからまだサーフィン歴は数年。

何しろサーフィンという競技は難しい。

しかも年をとってから始めたからなかなかうまくならない。

だが、その魅力にどんどんハマっていった。


サーフィンの素晴らしさの一つはまず景色。

ハワイに限らず、世界中、旅先でサーフィンをしているが、海から見る陸の景色は陸からみるそれとは違い、とにかく最高。

朝は朝、夕方は夕方、昼は昼の素晴らしさがある。

僕はその場所にいるだけで癒される。


そして最も大事なことだが、サーフィンでは自由を感じることができる。

サーフィンの集合場所は海の上だったりする。

約束もしていない仲間たちが、波がいいねと集まってくる。

だが、波がなかったら海には入らないし、風が強い時も海には入らない。

そもそもこちらの都合だけでは動けない。

そんな自然のサイクルに身を委ね、サーフィンのポイントに足を運び、たどり着いたところで大好きな仲間たちに会うと、自分が自然に動かされている気がする。

そんな自由さが僕にはたまらない。


よくサーファーの先輩たちが言っているが、世界中の波に同じ波は一つとない。

毎回違う波が自分の背中から迫ってくる。

その背中から来る波を身体全体で感じると、他のスポーツにはない、人間の本能を呼び起こす感覚を覚える。

そんな波の上をサーフパンツ一枚で板の上に乗り、滑り下りる快感は他の何物にも代えられないいほど気持ちいい。


ただサーフィンというのは非常に危険なスポーツでもある。

波に巻かれたり、サンゴで背中を削ったり、怪我とは隣り合わせ。

また突然サイズアップする大きな波にも、そして打ち寄せ続ける波にも自然の偉大さを感じ、ちっぽけな人間を知り、謙虚になることができる。


ハワイがそうであるように、サーフィンは余分なものをそぎ落としてくれる感覚。

これはハワイにかかわらず、どの国の海に入った時でも同じものを感じる。

毎日自分の身体に積み重なっていく余分な想いや、迷った気持ちが海に入ることで一気に浄化される。

そんなサーフィンは僕にとって、もはやスポーツという感覚ではなく、自分を浄化する儀式にさえ思える。

トライアスリート×サーファー

トライアスロンはプロでなければ、人と争うというよりも、自分と戦うというイメージが強いスポーツだ。

むしろ参加しているアスリート同士、応援し合うスポーツで、個人競技でありながら、チームとして参加する形も好きなところ。

身体を絞る上でも良かったし、どこへ行っても気軽に走れるのも僕の性に合っていた。

トライアスロンを始めてからは、旅に出た時は必ず走るようになった。

朝走っていたらパンの焼くいい匂いがして、路地裏のおいしいパン屋を見つけたり、車で走っていたら見逃してしまうような小さなビストロを見つけることもできる。

何よりも身体を動かした後に食事をすると嗅覚味覚が鋭くなり、健康的に食べられる。

それはすごく大事なことだと思う。

お店で扱う商品も食材、メニュー、調理法なども身体に気を遣うものになった。

昔はジェットスキーやカーレースなど、エンジンやモーターが付いたものが大好きだったが、今はあまり惹かれない。

トライアスロンを始めてから、走ること、自転車に乗ること、泳ぐことが自分の中で魅力的に映るようになった。


トライアスロンとサーフィンはハワイに住む僕にとってものすごく大事なもの。

趣味の一つではあるが、既に自分の生き方や考え方を表現する、人生の一部になっているとも言えるだろう。

この二つのスポーツをやることによって、僕は自分の精神、マインドをキープできている気がする。

そんなスポーツや趣味も、僕の人生を豊かにしてくれている。

僕は経営者であり、クリエーターであり、トライアスリート、そしてサーファーである。

第4章

WORK
仕事

攻めの人生へ

前章にも書いたように、僕の人生の前半はひたすら「逃げ」の人生だった。
しかし、目の前に目標が現れた時、初めて〝攻めの人生〟に転換していった。
その仕事とは、飲食店経営である。
そこから僕の攻めの人生は始まっている。

ただし、その目標に向かって、初めから武器があるわけではない。
お金もない、人もない、情報もない。
あるのは「やる気」、そしてやり切ると決めた「覚悟」。
その二つだけだった。

何もない中、僕はカフェの開業に突き進んでいく。

もともと会社を創業したり、社長になったりすることには何の興味もなかった僕は、その開業さえも人からの資本をあてにし、自分の資金で会社をつくることなんてさらさら考えてもなかった。

そんな中、気に入った古民家に出会い、どうしてもその古民家をカフェにしたいと強く思うようになっていった。

いくつかお金を出してもらえそうな人のところに回ったところ、ある人にこう言われた。

「自分でやればいいじゃん」

そのひと言で、僕の目の前の靄《もや》は晴れていった。

自分でお店をつくる。

何の目標も持たずに生きてきた自分の前に、急に目標が現れた。

初めてのお店

振り返れば、突然現れたカフェを開業するという目標から始まり、その後20数年間、100店舗近いお店をつくってきた。

ただ、どのお店も順風満帆にオープンできたことは一度もない。

初めてのお店は繁華街から程遠い、倉庫街にある1軒の古民家だった。

お金があれば繁華街のど真ん中、いわゆる好立地と言われる場所でオープンしたかも知れないが、お金のない僕らにはとてもそんなことはできない。

というか、いまだにそういう感覚はあるが、そんな好立地と言われる場所が魅力的だと思ったことは一度もない。

人のいる場所にお店をつくって流れている人を惹きつけるのではなく、誰も歩いていないような場所にお店をつくり、そこに人の流れをつくるのが僕のやりがいだった。

人がいない場所にお店をつくるということは、安い場所に出店できるということ。

その分、面白い店もつくれる。

僕もお客としてお店に行く時、繁華街のど真ん中のお店を選ぶことはあまりない。ひっそりとした住宅街の中にある中華料理店や、マンションの一室に隠れて営業しているバーなど、人目につかないお店に好んで今も行っている気がする。

そのお店には必ず魅力的な人がいて、魅力的な商品がある。そんなお店をつくりたかった。

そしてこれもいまだにそうだが、新しい商業施設でお店をオープンすることも、もちろんやりがいを感じるが、古い物件や施設にお店をつくることによって、そこを蘇らせることに別のやりがいを感じる。

とにかく古い歴史的な物件が大好きだった。

なぜそういったものが好きなのかなと考えると、ストーリーや歴史が大好きだから。その建物がそこに建っている意味や、その積み重ねてきた歴史を考えると、店づくりはドキドキする。

今では商業施設などの新築の物件でお店をつくる時も、そのストーリーを僕たちからつくり始めるんだという意識で、長く続くお店を目指してつくっている。

ターニングポイント

初めてお店をつくり、日々お客様に足を運んでいただいている中、1年経ち、2年経ち、3年経ち、そして5年目を迎えた頃、そのストリートにはたくさんのカフェや飲食店ができ、静まり返っていた倉庫街は活気に満ち溢れるようになった。

まさしく、僕たちが今もテーマとして掲げている「店づくりは街づくり」が生まれた瞬間だった。

20数年の間、僕たちがつくってきたお店の中で、いくつかターニングポイントになったお店がある。

その中から5軒のお店を選び、エピソードを書いてみたい。

CASE1
「ジンロスタイル・カフェ」

名古屋でお店を展開していたゼットン初の東京出店が決まっている中、その前に手がけた大型居酒屋が失敗。1億円以上の負債を負うことになった。

その中で、東京出店の資金がなくなり、なんとか資金をつくるために、手持ちの資金なしに、起死回生の一店舗をつくらなくてはいけないと悩んでいた。

お金がない時こそすごいアイデアが生まれる。常々思うことである。

「ここに1億円あるからお店をつくってくれ」と言われるとどうしていいかわからないが、「100万円しかないけど、何かできない?」と言われると、面白いお店を考えつく。

「ジンロスタイル・カフェ」をつくることになったきっかけは、東京出店準備のために上京した時のことだった。

当時、六本木交差点に大きな韓国焼酎、眞露の看板広告が掲げられていた。

それを見た時「すげぇなぁ。この看板いくらするんだろう」と、この看板の家賃を調べてもらったら月80万円、年間1000万円近くかかっていることがわかった。

まだ韓流ブームになる前、眞露の知名度もまだまだ低かった頃の話だ。

年間1000万円×3、3年間広告を出し続けたら3000万円。

その3000万円を出資してくれれば、イケてる眞露のお店をつくります。女子をたくさん呼び、彼女たちに眞露をたくさん呑んでもらえれば、焼酎のイメージはあがります。大きな看板で知名度は上がるけど、ブランド力は上げられない。女子たちにたくさん呑んでもらい、眞露のブランド力を上げましょうといった企画書を作り、六本木にあった眞露の本社へプレゼンに行った。

まずメニューから「ビールをなくしましょう」「1杯目から眞露を呑んでもらいましょう」と、居酒屋ながらビールを置かないことを提案。店構えも女子受けする、カフェスタイルの韓国風居酒屋にしようと、当時まだまだ売り出し中だったデザイナー、森田恭通を巻き込み、その構想を二人で、当時の韓国人の社長に片言の英語と日本語でただがむしゃらにプレゼンした。

こちらの熱量に対して、その反応、手応えはいま一つ。

プレゼン後、おそらくこの企画は通らないだろうなぁと肩を落とし、名古屋に戻った。

すると、しばらくして連絡があり、今度は僕一人で眞露本社へ。社長が出迎えてくれ、「あなた方の熱意は伝わりました。眞露のお店をつくってみてください」と、そんなにしゃべれるんだったら最初に言ってよくらいの流暢な日本語で伝えてくれた。そして3000万円を出資してもらうことが決まった。

それは協賛ではなく、広告費の枠から出してくれるお金、言うならば、テレビCMなどで使われる広告費の枠を我々飲食店に出資してもらえるというプランだ。メディアとして飲食店を捉える今どきの考え方だが、当時はその発想自体が新しかった。

結果、「ジンロスタイル・カフェ」は大ヒット。飲食ビジュアル雑誌『アリガット！』が大々的な特集を組み、森田がデザインしたお店の写真が華々しく掲載された。それを見た業界関係者が全国からこぞって来店、僕たちのクリエイティブはそこから一気に全国に知れ渡った。

お金がない時期がなかったら「ジンロスタイル・カフェ」もなかったし、今の自分にはなれていない。ピンチから確実にチャンスを作れた一撃みたいな出来事。

と同時に、僕たちが胸を張ってつくり上げたと誇れるお店となった。

CASE2

「ゼットン エビス」

初めての店「ゼットン」をつくってから約5年後、僕たちは東京に初出店することになった。もちろん、名古屋の田舎者が東京に初めて出店するのだから気合が入る。

当時、東京にはたくさんの真っ白なカフェが並んでいた。最初はたくさんあるそんなカフェに憧れ、東京の人たちがつくっているような、同じようなカフェをつくろうと思った。ところがプロジェクトを進めていくにしたがって、どんどん不安になっていった。

なんとか繁盛するお店をつくりたい、なんとかお客様に楽しんでもらいたい、という一心で僕たちがたどり着いたテーマは「本物」だった。

「本物」という響きは非常に重いが、僕たちが当時もっていた「本物」は名古屋出身という「本物」だけだった。これだけは東京の人には真似できないだろうと。

そう思った僕たちは、メニューに名古屋の郷土料理をどんどん入れていった。

そしてお皿や内装にも名古屋の陶器や名古屋の素材を使っていった。

そして最後はサービス。当時まだまだクールだった東京のサービスの中に、名古屋独特のベタベタのサービスを入れ込む。

そしてオープンしたのが「ゼットン エビス」だった。

店名には名古屋という字はどこにも入っていない。

それどころか、カフェなのか、居酒屋なのか、バーなのかも書いていない。

ただ「ゼットン」というシンプルな看板を立てただけだった。

ところがお客様の半分以上がメニューを開いた途端、「このお店って名古屋の店？」と聞いてくる。

聞かれるたびに僕たちは「はい、名古屋から来ました。よろしくお願いします」と頭を下げていった。

それほど、名古屋の郷土料理にはパワーがあった。

赤味噌を多用するため、茶色いものが増えていったが、お客様はその東京のどこにもない新しい料理を楽しみ、どんどんそのことはメディアにも伝わっていった。

テレビの取材や雑誌の取材がばんばん入ってくるようになり、「ゼットン エビス」はオープンから数カ月で大繁盛店になった。

その時、そのカフェの副産物のように出来上がった言葉が「名古屋めし」だ。

雑誌の編集者から、当時流行っていた「イタめし」にひっかけた『なごめし』はどうですか？」とまず言われた。

「なごめし」にはあまりピンとこなかった僕は『名古屋めし』です。名古屋の屋の字は略さないでください」と提案した。

初めて「名古屋めし」という言葉がメディアに掲載されたのは、ゼットンの特集記事だった。

このいきさつはウィキペディアの「名古屋めし」の歴史にも載っている。

この言葉を残せたことは名古屋出身の我々にとって、その後の「名古屋めし」の日本全体への広がりを見ればわかる通り、僕たちは誇りに思っているし、名古屋の郷土料理を日本中、世界中に広げるきっかけ、起点になったという自負がある。

飲食店はただ食事をする場所、食事を提供するだけではなく、メディアにもなりうるということの表れだ。

CASE3

「ガーデンレストラン徳川園」

名古屋で開催される「愛・地球博」にあわせ、尾張徳川家22代当主の徳川義崇さんが館長を務める徳川美術館と、古代図書館の名古屋市蓬左文庫、尾張徳川家の別邸が建っていた庭園の徳川園を再整備するコンペに参加した。

もともとこのコンペは、公共施設にありがちな誰もが足を運べるお弁当やカレーライスなどを売る食堂を対象とされていた。

だが、僕たちは徳川園の価値を考えた中で、全く真逆のものを提案していった。

そもそも徳川園は名古屋の観光スポットだが、交通の便が悪く、お客様はタクシーを使うか、バスで来るしかない。

例えば、女性4人でタクシーを使ってここに来て観光し、美術品を見てお茶をする。

その後の食事があまりお出かけ感がないものだと、満足感を得ることはできない。

そんな中、僕たちはランチが3000円から、ディナーも1万円以上の公共施設の中では高級と言える業態を提案していった。

何名かの審査員の方の理解もあり、我々はこのコンペを勝ち抜くことができ、ブライダル併設型のフレンチレストランを公共施設の中でオープンすることができた。

その後、徳川園は名古屋のゲストハウスの一つとして、今もたくさんのお客様に愛されている。


公共施設を活性化させる事業も、この徳川園から加速化していった。

今思えば、創業に続き、2度目の覚悟となった「ガーデンレストラン徳川園」は明らかに背伸びだった。もしかしたら地に足がついていなかったかも知れない。

現にこのプロジェクトの翌年、我々の会社、ゼットンは一度、債務超過に陥っている。

だが、会社は潰さない、絶対やりきる想いで向かっていった結果、背伸びしたところまで自分たちは大きくなり、債務超過の2年後に上場を果たすことができた。

以後、公共施設再生事業として、僕らはブライダルサロンやミュージアムカフェなどをどんどん手がけられるようになっていった。

CASE4 「オーシャン・ルーム」

初めての海外出店となったのは、オーストラリア随一の都市、シドニー。

250席あるシーフード・レストランを買収し、ゼットン創業から12年目にして「オーシャン・ルーム」をオープンした。

まだ会社の売り上げも40億円弱くらい。

時期尚早であることは十分わかっていたが、もともと「オーシャン・ルーム」の客の一人として、よくここに訪れていた僕は、このレストラン自体がなくなることが惜しくてしょうがなかった。

そうは言っても、最初は自分たちがやるべき規模ではないと思い、何人かの投資家に話をしにいったところ、最初にお店をつくった時と同じく、「そんなにいいと思うなら自分でやればいいじゃん」と言われた。

こんなに大きなシーフードレストランを海外で経営するのは大変だろうなと思いつつ、

一人シドニーへ。

当時の自分にすれば大きすぎるこの物件の前に立ち、考えてみた。

海外に出店するなら青い空、青い海、子どもたちの笑い声が聞こえる場所——というのが僕の一つのものさし。

しかもこの物件にはマンション3階建て丸々あるような窓がばーんとあり、目の前には世界遺産のオペラハウスを臨む。

それがまた素晴らしく、日中は太陽に照らされて輝き、朝夕は真赤に染まる。

ライトアップされた姿もまた幻想的だった。

店の買い取り価格は約1億5000万円。

ピカソやゴーギャンの絵画だって何十億円もするんだから、1億5000万円の絵画だと思えば安い。

しかもこの窓から見える景色は、それらの絵画をしのぐほど美しい。

この素晴らしい風景を買ったと思えば、もしかしたら安いかも知れない。

それを毎日眺めながら営業できるなら、買ってみようと決断した。

お金もかけ、苦労もしたが、結果的にはあまりうまくいかなかった。

そのいちばん大きな原因は、その港に入ってくる客船がどんどん増えていき、最終的には年間の半分程度、大きな客船が窓の前に立ちはだかり、その景色を見ることができなかったからだ。

そのうち建物の改修で立ち退きを迫られ、人件費も上がりすぎたため、7年で撤退。事業としては失敗である。

ただ、このお店にチャレンジしたことにより、海外に出店することのノウハウが蓄積され、その後の海外出店へのプラスとなった。

だからこそ「アロハテーブル」の本店をハワイにオープンする時は、さほどプレッシャーを感じることなかった。

この事業も僕にとっては大きなステップとなった。

CASE5

「アロハテーブル」

今では日本全国、ハワイも含めて30数軒になった「アロハテーブル」だが、前章にも書いたとおり、実のところハワイは1号店ではない。名古屋の金山という駅にオープンしたのが最初である。

もともとハワイアンコーヒー会社の経営に携わっていた僕は、ハワイアンコーヒーをどうやったら売れるだろうかと仲間と話をしていた。

当時、スターバックスをはじめシアトル系コーヒーのような盛り上がりをコナコーヒーにみせるにはどうすればいいのだろうかと、僕が提案したのはコーヒーだけを売るのではなく、ハワイの食カルチャー全体をテーマにしたお店にすることだった。

そのモデル店舗として、名古屋に1号店をオープンしてみた。

それが「アロハテーブル」のはじまりだ。

オープンしたところ、昼はランチ、午後はカフェ、夕方はディナー、夜はバーとして、メニューをあまり変えなくてもお客様自身が使い方を選び、1日中、人が楽しそうにリラックスできる業態をつくることができた。

ただ僕自身、「アロハテーブル」をハワイ風カフェにするのは嫌だった。
どうしても本物のハワイアンカフェとして「アロハテーブル」を広げていきたかった。
そのために、やらなくてはいけないことはただ一つ、ハワイで「アロハテーブル」をオープンすることだった。

1号店の「アロハテーブル」がオープンしてからハワイに本店をつくるまで、4年の月日が流れた。

ここでも僕たちの本物のハワイアンカフェになりたいという、「本物」というキーワードが生かされている。

この5軒分のオープンエピソードのほかにも、100軒近くのお店をつくってきたが、すべてのお店づくりにエピソードが残っている。

僕のここ20年というのは、レストランのオープンと共にあったと言っていい。
もっと言えば、僕の人生はレストランそのものだ。

レストラン経営は素晴らしい

数ある仕事の中で、レストラン経営という仕事は最も素晴らしい仕事の一つだと僕は思っている。

まず、レストランというのは企画、製造、営業、すべての事業を一つの店舗の中にもまとめたようなものだ。

企画はまさしく企画そのもの。

どの場所でお店をつくって、どんなコンセプトで、どんな人に対して、どんな価格でお客様に提供するかを考える。

製造はまさしくキッチン。

料理のことを考え、いかに安全で、いかに無駄がなく、そして何よりもおいしい料理を作り続けられるかを考える。

営業とはまさしくお客様へのサービス。

料理を運ぶだけではなく、誕生日や一人での食事、ニーズに合わせたサービスをその瞬間瞬間の判断で作っていく。

また、お店をただオープンしただけではお客様には来ていただけない。

どんな媒体に広告をうつか。どんな看板を作るか。

例えばランチの看板の書き方一つで、お客様の入りは全然違ってくる。

僕が思うに、飲食店で働いている人はどの仕事についてもすぐに即戦力になるのではないかと思っている。それくらい飲食店の中の仕事にはたくさんのものが詰まっている。

お客様のことを考え、店舗デザインや運営、メニューなどを考える――という大義はあるけれど、基本的には自分たちが好きにつくるもの。

そこにお客様が来店し、笑ってくれ、お代までいただき、勉強もできる。それは素晴らしいことだなと思う。

レストラン・ビジネス以上に素晴らしい仕事は僕には思いつかない。

世界につながる飲食の仕事

また、飲食店をやっていて楽しいことがもう一つある。

アメリカ、ＥＵはもちろんのこと、アフリカに行こうが、南米アマゾンに行こうが、アイスランドに行こうが、世界中どこに行っても飲食店はある。

世界を旅すること、そして世界の飲食を知ることが自分たちの財産、ノウハウになる。

逆に言うと、我々の仕事は世界のどこに行ってもやっていくことができる。

僕はいつも新入社員に必ず話すことがある。

それは、僕たち飲食店の仕事は世界につながっているということだ。

例えば法律家、弁護士。もちろん弁護士は素晴らしい仕事ではあるが、日本で大変な思いをして司法試験に合格しても、アメリカやイギリスに行く時は、それぞれまた別の法律を覚えなくてはいけない。世界に共通する法律はどこにもない。

例えば医師。残念ながら日本の医師免許は世界では使えない。シンガポールなど一部の国では使えるが、その国の免許を取り直さないと、治療の一つもさせてもらえない。

それらの仕事はどれも素晴らしいものではあるが、国をまたいで仕事をするとなると、もう一段階も二段階もハードルが高くなっていく。

ところが包丁はどこの国に行ってもほぼ同じ包丁だし、シェイカーも形は違えど、どの国に行ってもほとんどシェーカー。氷はどこでも冷たく、トマトはどこの国でもトマトだ。バーテンダーにおいては、世界を旅して思うが、ホテルのバーカウンターに並ぶお酒の70%以上は世界共通のもの。残り30%はその土地の個性にあわせたお酒が並んでいる。

ということは、我々飲食店で働く人たちは、飲食店で働く技術を身に付け、言葉さえ学べば、世界のどこでも働くことができるということだ。

そして働いたその日から、お客様に喜んでもらうことができる。

そんな素晴らしい仕事が僕たちの仕事、飲食店だ。

9つの仕事の流儀

生き方にも、遊びにも、仕事にも、流儀がある。

流儀とは物事の仕方やそのやり方。あるいは芸術・武術などの、その流派や家に昔から伝えられている仕方。

この流儀が定まっていないと部下や従業員たちは迷い、会社の方向性すら定まらないのではないだろうか。

仕事をしていく中、いろんなものを学びながら進んでいくので、流儀はどんどん変わっていく。

変わっていくが、それは磨かれていくものであって、ころころ変わるものではない。

時に流儀というものは「道」とも言われる。

男道であったり、武士道であったり、王道であったり、仏道であったり……。

特に僕が気にしてきたのは、時に「呑み道」とも言われる、男が酒場で1杯のお酒を呑む道。

ここにもいろんな流儀があると思う。

そんなものに僕はこだわってきた。

自分の流儀はいくつもあるように思うが、人から影響を受けたもの、何か自分の経験から生まれたものなどの中から、9つの流儀をここで書いてみたい。

1　飲み屋での約束は守る

お酒を呑むと、大概の人は気持ちが大きくなる。

その大きくなった気持ちがゆえ、飲食店でお酒を呑んだ時に、思わずたくさんの約束事をしてしまうものだ。

海外に一緒に行く、習い事に一緒に行く、一緒に食事をするなどなど、たくさんの約束が繰り広げられる。

その約束を守っている人は、果たしてどのくらいいるのだろう。

もちろんお酒のつまみとして、そんな約束を冗談めいてすることは楽しいとは思う。

そんな中でも、僕たち飲食業者はお酒を売るプロ。

酔っぱらったからといって、軽はずみに約束をしてはいけないと昔から思っている。

もちろん約束をすることもある。

約束をした時は全力でその約束を守る努力をする。

いくつかの約束はスケジュールの都合でどうしても守れないものもある。

その時は謝るしかないが、呑み屋での約束を守ることを繰り返すことによって、自分の人生が変わっていくことだってある。

僕がトライアスロンを始めたのも、お酒の席での約束がスタートだった。

人が守らないものこそ守っていく。

人ができなさそうなことをやっていくことが、自分を高めていくことにつながっていくのではないだろうか。


約束を守る男でいたい。

酒を呑んだ時に約束をし、それを守る人を僕は信頼しているし、大好きだ。

僕もそうありたいと思う。

2　知っているふりをしない

知らないことを「知らない」と言うのはものすごく勇気がいることだ。

だけど、知らないことを知っているふりをしてやり過ごしてしまっては、何も入ってこない。

少し年を重ねていくと、知らないことがあることが、あたかも悪いことのように感じてしまいがちになる。

小さな子どもと一日遊んでみるとよくわかるが、子どもはもちろん知ったふりはしない。知らないことへの質問だらけだ。

小さな子どもたちは知識を吸収することを楽しみにし、それを快感に覚えている。

大人になってからは、知らないことを知る快感が少し鈍化していくのだろうか。

自分の知らないことにぶち当たった時、それを喜びに思い、そして知らないことを知ったことに快感を感じる。そんな大人でいたいと思う。

また、知っているふりをしないということとは別に、覚えていないことを覚えていないと伝える勇気も持っていたい。

例えばパーティー会場で、たくさんの人にお会いする時、よく突然「覚えていますか」と聞かれることがある。

もちろん覚えていればお名前をお答えできるのだが、覚えていない方にははっきり「覚えていません」と僕は答えてしまう。

そもそも僕は「覚えていますか」という質問があまり好きじゃない。

もちろん飲食店の中には、顔を覚える達人は山ほどいるし、得意としている人にとってはなんていうことはないかも知れない。

だが、なかなか名刺交換だけで何百人もの人の顔を覚えていることは難しい。

僕の経験上「覚えていますか」と言ってくる人に限って、印象の薄い人が多い。

僕はそこで「覚えています」なんていう嘘はとてもつけない。

つい「覚えていません」とはっきり言ってしまう。

こんなエピソードがある。

吉野家ホールディングスの元会長、安部修仁さんは何度もお会いしているし、経済界でも有名な方である。

だが、安部さんはいつも、何度会っても「吉野家の安部です」と挨拶をしてくださる。

そのたびに、こちらは非常に恐縮してしまう。

もっと言えば、名前など名乗っていただかなくても、こちらは十分わかっている。

そのような方に限って、自分の会社名、そして名前まで丁寧に教えてくださる。


ある先輩には、何度会っても、何度挨拶をしても、「誰だったっけ?」と聞かれることがあった。

実はその先輩は二度目から僕のことを覚えていたらしい。

先輩は何度も何度も僕が挨拶しに来るのを見て、喜んで楽しんでいたと思う。

会うたびに、僕は何度も何度も「ゼットンの稲本です」と、自分の社名と名前を伝えに行った。

ある日、突然、その先輩は僕に言った。

「わかっとるわい」と。

その瞬間の僕の嬉しさ。

最高の気持ちだった。


人の顔はもちろん覚えているほうがよいのだが、世の中で起こっていること、ニュース、お店など、知らないことがたくさんあることはすごくいいことだと思う。

知らないことが自分の知っていることになるたびに、どんどん自分は成長していく。

知っているふりをしていたら、いつまでも自分には何も入ってこない。

知らないことを「知らない」と伝えることによって、人はどんどん情報をくれる。


今日も自分自身、知らないことだらけだ。

3 「ありがとう」を伝える

僕が飲食店を始めてから、すごく意識していることがある。

「ありがとう」の言葉をどのくらい人に言えるか、だ。

例えば、飲食店で10の商品を頼んだ時、10の商品が来るたびに「ありがとう」と、お店の人に伝えるようにしている。

また、先輩にご馳走になった時、次の日の朝には必ずメッセージでお礼を伝えるようにしている。


「ありがとう」をどのくらい言われたかについては全く興味はないが、「ありがとう」の言葉をどのくらい人に伝えられたかについては、いつも意識をしている。

「ありがとう」と言われ、気持ちの悪い人はまずいないだろう。

フランスに行けば「メルシー」、ドイツに行けば「ダンケシェーン」、スペインに行けば「グラシアス」。最初に学んでいく言葉も「ありがとう」。

世界を旅し、いろんな国の人とコミュニケーションを取る時も、「こんにちは」より先に「ありがとう」という言葉を調べていく。

そして、その言葉をホテルのドアマンや、食堂のおばちゃんまでに、気持ちと共に伝えるようにしている。

「ありがとう」はすべてのコミュニケーションがスタートする言葉。

「ありがとう」という言葉からいろんなことが始まっていく。

だから一緒に働いているスタッフや、周りの人間にも「ありがとう」という言葉を常に伝えていきたいと思っている。

何よりも「ありがとう」の言葉よりも、「ありがとう」という気持ちを大事にしたい。

4 後悔はしない

事業をしていると、すべてがうまくいくわけではない。

これまでにもたくさんの失敗はあった。

だが、僕は反省はするけど後悔はしない。反省は次に生かすもの、後悔は引きずるもの。

後悔という意味で、最も取り戻せないのが時間。

失敗してしまったことについてぐだぐだ悩み始めると、さらに時間を無駄にしてしまう。

だから失敗を引きずるより、次に面白いこと、やらなきゃいけないことを考えたほうがいい。失敗をしてもすぐに切り替えることが大切だ。

実際、僕はほかに考えることが多すぎて、数々の失敗についてはそれほど悩むことはなかった。


もちろん失敗から学んだこともたくさんある。

失敗例の一つ、僕はいつもお店をつくる時にこう考える。

お店づくりはマスターベーションではいかない。自らいくらいいお店だと思っても、たくさんのお客様にその良さが伝わらなければ意味がない。

まず、自らが徹底して楽しめるお店を考え、その後に、いかにこの楽しさが人に伝わるかを考える。

この、人に伝えることができるのか？　との考えを持たないと、お店は必ず失敗する。

僕も創業時は何軒か、マスターベーションでお店を潰してきた。

失敗を言い出せばきりがないが、人のこと、お金のこと、物件のこと、世の中のこと。振り返ると、たくさんの失敗を重ねて、今の自分があると実感する。


これからもたくさん失敗するだろうし、ある意味、失敗も楽しみだ。

二度と取り返せない時間を大事にしながら、臆病にならずに、チャレンジし続け、その失敗を反省しながら前に進んでいきたいと思う。

失敗なんて怖くない。

いちばん怖いのは失敗を恐れて何もできないことだ。

5 現状維持なし

「時代の波に乗る」とはよく言うが、そもそもトレンドなんて読めるものじゃない。

結果論だが、僕も会社も変化し続けてきたことが時代にうまく合致したのだと思う。

時代は常に流れているもの。

うまくいったからといって現状を維持しようとしたら、その流れにひっくり返されてしまう。

自転車もスピードを出せば安定する。サーフィンも波の上をすべるまでは安定しない。

自分がちゃんと流れの中を走っていないと、時代に絶対飲み込まれる。


人生に現状維持なんてなし。

そこにエネルギーを費やすのは無駄な努力だと思う。

人生、周りに変わらされるか、自ら変わっていくかの二つしかない。

自分は変わらなくても周りが変わる。風景も変わる。

その中で、それを甘んじてすべてを受け入れ、変わっていくのか。

自らが変わりたいという意思をもって変わっていくかで、人生大きく違う。


これまでいいとも簡単に、いろんなことに僕は挑戦してきたように思われているが、いつだってそんな勝負時はビビるし、緊張もする。誰かがレールを敷いてくれたところを歩いているわけではないから、何が起こるかわからないし、どうなるかなんて誰もわからない。

時代に対応するには、自分が変化しなければならない。自ら変わるしかない。

そこに「逃げ」はない。変化を進化に変えていく。そんな気持ちだ。


飲食の世界にはたくさんの老舗があり、彼らは「変わらない」みたいに言われるが、これまで変わってこなかったかと言うととんでもない。

変わり続けたからこその老舗だと思う。

例えば、すき焼きは文明開化の牛鍋から始まっている。当時、牛肉を食べることはものすごくモダンだった。人が普段食べないものを食べさせたところだから、絶対開業当時のままなんてことはない。戦争もあったし、牛肉が手に入らない時もあっただろう。

そのたびにその時の経営者は一生懸命考えた。変わってきたから老舗として生き残ることができた。変わらなかったら老舗にはなれない。そもそも継続していないだろう。

逆に、変わり過ぎて潰れていくお店もある。

お客様の好みに合わせ、ティラミスが流行ればティラミス、パンケーキが流行ればパンケーキと飛びつき、いろんなことをやって味が落ち、お客様が離れていく。

そんなお店は山ほどある。だから変わればいいというわけじゃない。

そこにポリシーがなければダメ。


かといって、頑なに変わらないお店が存続しているところはまずない。

だからまず変化を受け入れる。と言っても、なかなか変化を受け入れられない人は多い。

だからこそ僕は、自ら変化を起こす側、トリガーでありたいと思っている。

波をつくる側でいつもいたい。波を後から追う側ではなく、波の先端にいたい。

そのためには何をすればいいか。

まずは成功例は模倣しないこと。成功例は未来の失敗例。

成功したことが繰り返し成功する確率は、現代ではほとんどないのではないだろうか。

6　成功にしがみつかない

時間は常に流れ、人の気持ちは常に毎日毎時間毎分毎秒ごと変わっていっている。

そんな中、何か一つ成功したことだけにこだわり、繰り返していくことが、僕は非常に危険だと思っている。

気持ちいい場所にずっといること、何にもドキドキしない場所にいることは、生きていく中で、非常に危険なことなんじゃないだろうか。

そんな想いがあるから僕自身、最初は街のカフェから始まり、名古屋めし、公共施設の再開発、そしてハワイアンカフェの展開と、軸をどんどん変えてきた。

もちろんチェーンレストランのように、たくさんのお店を世界中に広げることができる人は素晴らしいと思う。チェーンレストランは同じものを毎回繰り返しつくっているのではなく、いつも自分たちの業態を磨き続け、毎年新しい形に変わっていくからこそ、チェーンが展開されていくものだと思っている。

これは仕事だけでなく、生き方全体にも言えると思う。

例えば受験。合格した嬉しさに酔い、入学できたことを喜んでばかりいれば、次の目標を失っていく。例えば就職。永久就職なんて言葉は既にこの世には存在しないけれど、いい会社に就職できたと思った時点で、人は次に向かう目標を見失ったりすることがある。

日本の場合、「成功」という言葉はよく「ゴール」のように使われる。

しかし、成功した瞬間から次に何にチャレンジしていくのか、次に何と戦っていくのか、そんな想いで生きていかなくてはいけないと思う。

険しい道と平坦な道があれば、険しい道へ。向こうが見える道と見えない道があれば、見えない道へ。そこから何かを探し求めていく。

僕がいつも日常的に人が通っていない道を選んでしまうのもそのためだ。

険しい道の向こうには、必ず新しい世界が待っている。


そもそも僕はこれまでいろんなことにチャレンジしてきたが、成功したと感じたことはあまりない。なぜなら何かをクリアできた瞬間に、次への戦いが始まっているから。

成功というのはあくまでもミッションを遂行できただけのこと。そして、成功は絶対に繰り返せないものだと思っている。

世の成功事例は時として失敗事例とも言える。

なぜなら成功の向こう側に失敗があることが多いから。成功しないとただの失敗だけど、成功の後の失敗は大失敗になる。

もちろん目標をクリアすることは大切だが、そもそも僕自身「成功」という言葉があまり好きではない。成功者と呼ばれている人も、「成功」という言葉が好きな人はあまりいないのではないだろうか。あがっちゃった感があるというか、現役感が薄れるというか……。


しかも言い方はよくないが、僕は成功した瞬間に、その成功に飽きてしまう。

成功するまでのドキドキ感は自分の人生にとって大事なものだけど、その目標をクリアできた瞬間から、新しい何かをつくりだしたいという欲求がまたすぐにわいてくる。

だから僕にとって成功はゴールではなく、次のチャレンジへのスタート。

成功したコンマ1秒後から次の成功を求め、新しい使命に向かっていく。

だから僕は成功にしがみつくことはない。

7 名刺交換は意味がない

今の自分があるのは決して自力ではなく、たくさんの人の助けがあったから。いろんな人との縁があり、出会いがあり、シェアする時間の積み重ねがあったからだ。

人を紹介してもらったり紹介するのは好きだが、仕事の場面で頻繁に遭遇する名刺交換会はあまり好きではない。

名刺交換しただけで縁ができたと思っている人は本当に多い。あんなの何でもないから。少なくともじっくり話した人にはそれなりの縁はあるだろうが、名刺交換するためだけに並び、一方的に自己紹介されても、人が多い中ではわからなくなる。

僕の名刺には長年、メールアドレスを入れていなかった。

その代わり、これまでずっとやってきたことだが、例えば200人の人と名刺交換したら200通の礼状を送る。それに対して返信が届くのは1通とか2通。そんなもんだ。それほど大事な縁ではないということだろう。

最近は、一方的に自己紹介されるだけの名刺交換会には、なるべく行かないようにしている。

そんな僕も若い頃、名刺交換をがんばっていた時がある。パーティーとか名刺交換会とかじゃない。当時はインターネットなんてなかったから、雑誌や新聞に載っているお店とその経営者をチェックして、「雑誌でお見かけし、どうしてもお会いしたくて来ました。ご挨拶だけでもさせていただけませんか」とアポなしで訪ねて行った。

そこでは名刺を渡すことに意味があった。その時に縁ができ、友人になった人はたくさんいる。いまだにその時のエピソードをみんな覚えてくれている。

ただ、最近は名刺を持たず、FacebookやInstagramでつながることを名刺交換のようにしている人たちも増えてきた。仕事の仕方はどんどん変わっている。きっとあと数年もしたら、名刺自体なくなってしまうんだろうなと思っているし、名刺交換もどんどん意味のないようなものになっている気がする。

8 言葉で伝える

今、「本」という形で自分の考えを文章にしながらも、実は文章はあまり得意ではない。どちらかというと、自分自身を言葉の人だと思っている。それくらい僕にとって言葉は大事なものだ。

何かを伝える時、言葉の種類を選ぶのは非常に大事で、これも瞬間、コンマ何秒の中で選んでいく作業になる。

ということは、常日頃からやっていないと言葉は選べないものだと思っている。

また、よく言われる言霊《ことだま》を僕は信じていて、自分の口から出る言葉というのは耳どころか、身体や骨を伝わって自分の頭や心の中に響いていく。

ネガティブな言葉を発することにより、自分が前向きになることはなく、自らを奮い立たせられるのは自分のポジティブな言葉でしかないと思っている。

その言葉を伝えるものは声だ。

声のトーンにも非常に気を配ってきた。

例えば大勢の前で講演会をする時、マイクの音量ではなく、自分の声の高低をつけながら人に伝えていくことがある。

例えば目上の方と会う時、例えばパーティーの司会をする時。

その時に合わせて自分の声色を変えている。

もちろん文章でも想いは伝えられるが、その文章には強弱や温度は表現しにくいものだと思っている。

やはり言葉は声に乗せていくもの。

だから僕の想いは、声に乗せて伝えたいといつも思っている。


SNSが進化した今でも、やはり文章ではなく、人の目を見て、人の目の前で、人の顔を見て話すことが大好きだ。

これからも僕は、大事なことは必ず人の目を見て、言葉を選び、声に乗せて伝えていこうと思っている。

9　既成概念をぶち破れ

僕が創業したゼットンという社名には漢字がある。

「舌呑」＝「舌で味わい、喉で呑む」、"Foods and Drinks"の意味。

そしてもう一つ、「ゼットン」という"音"には別の意味がある。

「既成概念を打ち破れ」というメッセージが込められているのだ。

ウルトラマン世代の方ならわかると思うが、「ゼットン」は怪獣の名前に由来している。

なぜ怪獣の名前なのか。

それはゼットンがウルトラマンを倒した唯一の怪獣だからだ。

ウルトラマンは敵から攻撃されピンチに陥っても、最後の最後にスペシウム光線を放ち、怪獣が爆発して勝利。ウルトラマンはポーズを決め、どっかへシュワッと飛んでいく。

毎回ほぼ同じストーリーだったのだが、最終回は驚くことにウルトラマンが倒れ、ゼットンが勝ってしまった。

お決まりの規定路線だったものが急に崩れた瞬間、子どもたちのビビリは半端なかった。

ゼットンには最後の怪獣Z、最終・最強怪獣という意味がある。
その名前にあやかっている以上、最後の最後に既成概念をぶち破れる会社「ゼットン」でなければならない。

公共施設再生事業をやった時も、上場した時も、いつも「徳川園やるの？」「お前らが上場すんの？」と言われたが、結局、いつも「その手で行くんだ!?」みたいなことを僕らはやり続けてきた。

そんな僕が札を切る最後のウルトラCが、親友である村松厚久率いるダイヤモンドダイニング社との株式公開買い付け（ＴＯＢ）だった。

アメリカではよくある事例だが、日本でこれだけの規模の飲食ベンチャー企業、しかも勢いのある企業同士が合体していくことはこれまでなかったと思う。

飲食業界はこれからこういったＴＯＢやＭ＆Ａが増えていくと思っている。

飲食店は大きくなっていくか、小さいまま個人店で終わるのかのどちらか。

僕はこれまで、公共施設を再生活性化させるリノベーション事業や名古屋めしブームなど、飲食業界での小さな波は作ってきたつもりだ。

だが、パートナーの松村厚久がやっていることは飲食企業の新しい在り方。
スケール感が違う。もはや彼は飲食にすらこだわってはいない。
目指すは１０００億円企業、世界№１のエンタテインメント企業である。

松村も僕も同じで、そんな波をつくる側でいつもいたい。
波を後から追う側じゃなく、波の先端にいたい。
これからの時代の波をつくる、ひと泡吹かす立場にいたいと思う。

第5章

THE DAY

会社をやめた日

株主総会

ハワイに住んでサーフィンしてたら会社やめちゃいました。

そんな一日……。

創業してから22年目、僕は会社をやめた。

翌日、ダイヤモンドダイニングの取締役に就任するまでの24時間、僕は22年ぶりに無職になった。

この無職の時間を僕は人生の大きな節目だと思っている。

実はこの本を書くきっかけになったのも、そんな一日があったからだ。

その日の朝はいつものように、毎年行われるゼットンの株主総会から始まった。

これまでの22年間のゼットンでの人生を回想しながら、僕は会場である横浜マリンタワーに向かっていった。

既に代表取締役社長に就任している鈴木伸典が議長となり、株主総会が始まった。

第二号議案として代表取締役会長退任の議案が上程される時。

その議案が決議された瞬間、僕は自分が創業した会社の経営から離れた。

今回の株主総会ばかりは議事を進行していく鈴木の顔を何度も見てしまった。

淡々と議事が進行していく中、この第二号議案の時だけは鈴木の顔つきが変わり、声のトーンが変わるのがわかった。

彼は僕から受け継いでいく会社への覚悟と、そしておそらく僕が離れていくという不安と、複雑な気持ちの中、この議事を進行していったと思う。

座っているだけの僕も、その時間をすごく長く感じた。

会場に着くまでの間も回想してきたが、それまでの会社を創業をした日のことから、今日この場に座っている株主総会の日までのことが、ものすごい勢いで自分の頭の中を流れていった。

そして頭の中は真っ白になった。

株主総会が終わり、会場を移し、臨時取締役会が開催される会場にいつものように向かった僕は、その場で自分が取締役ではないことを初めて実感した。

そこには僕の椅子はなかったからだ。

どうすればいいかわからない僕に、取締役たちが特別に椅子を用意してくれ、僕はその席についた。そして、ただただ取締役会が進むのを見守った。

取締役会が終わった後、メッセージをみんなに伝える時間をもらうことができた。

その時間を迎えるまで、全くセンチメンタルでもなく、もともと人前で泣くのが嫌いな僕は絶対泣かないと思っていた。

しかしその瞬間、自分の目から涙が溢れ出した。

その涙をこらえるまでの間、言葉を発することさえできなかった。

僕が伝えたかったことはただ一つ。

今まで一緒に22年間を歩んできてくれたスタッフのみんなへの感謝の気持ちだった。

何度「ありがとう」と言ったかは覚えていないが、「ありがとう」と発するたびに涙が溢れ出し、「ありがとう」の言葉を伝えるだけで精一杯だった。

無職になった一日

ゼットンの株主総会で代表取締役会長を退任した僕は、そこから無職の一日を過ごすことになった。

もともとこの日のことは考えていた。どのように過ごそうかと。

仲間と酒を呑むのも良し、これからゼットンを運営していくたくさんのスタッフと酒を呑むも良し。

いずれにしろ、この日だけは酒を呑みたいと思った。

考えれば考えるほど一人だけ、どうしてもこの日に酒を呑みたい男がいた。

それは共に会社を創業した大学時代の同級生、梶田友嗣だった。

ゼットンを離れることが決まった時、僕は梶田に声をかけた。

「その日、僕は無職になる。だから梶田、シャンパンを1本奢ってくれ」と。

梶田は笑いながら「いいっすよ」と言ってくれた。

梶田と初めて会ったのは僕が20歳の時。梶田は18歳。

そこから29年間、一緒に会社を始めてから22年間の間、僕と仕事をしてくれた。

大学時代から少し先輩だった僕は、彼から一度も奢ってもらったことがない。

思えば大学時代も一緒。サークルのイベントをやるのも一緒。

僕がサラリーマンをやめて名古屋に帰ってきた時も、夜行バスが着く早朝のバス停に彼は迎えに来てくれた。

その後も家をシェアしながら一緒に寝食を共にし、ゼットン創業時も朝から夜中まで僕のわがままを受け止め、僕の思うものを形にしてくれることに力を注いでくれた。

そんな彼は僕がゼットンを退職する時、共に退職する道を選ぼうとしていた。

だが、これからゼットンの代表を務めていく鈴木をはじめ、周りのスタッフからミスター・ゼットンと慕われる梶田はこのチームを去っていくことを考え直し、そのまま会社に残ることを決めてくれた。

僕自身、彼が残ってくれることは嬉しかったし、ものすごく安心できることでもあった。

そしてその日の夜、梶田が指定した中目黒の小さなバーで、シャンパンを一本あけた。

その一本をあける時間は僕にとってものすごく大切な時間だった。

正直、また泣きそうだったので、あまり話ははずまなかった。

僕がもっとも梶田に伝えたかったことは、やはり「ありがとう」のひと言だった。

ほんの1〜2時間の短い時間ではあったが、その日の夜を梶田と二人で過ごし、僕は家路についた。もちろんそのシャンパンは梶田に奢ってもらった。


家に帰った僕は、まだ少し迷っていた。

みんなに感謝の気持ちを伝え、会社を去ったものの、僕の選んだ道は正しかったのか。

果たしてこれがみんなのためになったのか。

そして自分の人生はこの後、どうなっていくのか。いろんな想いが交錯した。

脱力感、絶望感、開放感、期待感、高揚感、挫折感……いろんな感覚が次から次へと襲ってきた。

今まで経験したことのない感覚が、僕の中にどんどんわいていった。

そして、あまり寝られないまま次の日の朝を迎え、人生で初めて2日連続の株主総会に向かっていった。

ダイヤモンドダイニングの株主総会だ。

ダイヤモンドダイニングの株主総会を迎える数日前、松村厚久とこんな話をした。

「ゼットンの代表取締役を退任した翌日、ダイヤモンドダイニングの取締役会で、松っちゃんがもし僕の取締役就任の決議を否認したら、そのまま僕は無職だよね」

楽しそうに笑いながら松村は「本当だね」と僕に言った。


ダイヤモンドダイニングの株主総会に行く前、神社に向かった。

そして柏手を打った瞬間、僕は人生で2回目の大きな覚悟をした。

と同時に、前の晩、わき上がっていた不安な気持ちはすべて吹き飛んだ。

新しい自分に生まれ変わった気がした。

もう戻る場所はどこにもない。前に進むことしかできない。

一歩たりとも下がらない決意で前に進み続ける。そんな気持ちで新しい一日を迎えた。

社長業

創業22年目の無職の一日は突然迎えたわけではない。

十数年にわたって僕はその日の用意してきた。

始まりは会社を託した鈴木伸典のひと言だった。

ある日、突然彼は僕に言った。「僕は会社をやめません」と。

「会社をやめたい」「独立したい」と言われたことはたくさんあったが、「会社をやめない」と宣言したのは彼が初めてだった。

その会社をやめない宣言に、僕は「わかった」としか返事ができなかった。

その言葉を聞いた僕は、徐々に自分の中で答えを出していった。

彼が会社をやめない以上、僕は彼に社長を譲るしかないと。

漠然とその時、創業から20年で事業継承という目標を立て、その日から鈴木に社長業を伝えていった。

社長業を伝えることは簡単なことではなかった。僕自身が特殊な社長だったからだ。

社長には数字に強い社長、人に強い社長、企画に強い社長、いろんな社長がいると思うが、僕がいちばん得意にしているのはクリエイティブな店づくりだった。

ある意味、店づくりは飲食業にとって最も大事なことだと思っているが、これから鈴木に社長業を渡していくにあたり、店づくりを教えるわけではない。

僕が得意としていることが店づくりだとすれば、鈴木が得意としているのは人づくり。

全く違うキャラクターの彼に、ゼットンという会社を任せていくためには何が必要か。

僕自身も最初はすごく迷った。

ただ彼とした約束を守るため、僕と鈴木は何度も何度も話し合いを重ねていった。


途中で一度、何人かの友人に言われたことがある。鈴木がミニ稲本になっていると。

姿から立ち振る舞い、言葉まで、僕と同じような行動を彼はするようになっていった。

その時、僕は彼に言った。

「伸典、稲本をやるのは稲本がいちばんうまい。稲本を越える稲本にお前がなれることは絶対ない。なぜなら俺が稲本だから。だから伸典はよりいっそう伸典にならなきゃいけない。おまえはミニ稲本になるな。伸典はいかに伸典になるか。伸典がいかに伸典のまま社長になるかというのが大事。決してミニ稲本になってほしいわけじゃない」と。

言葉が似てくるのはしょうがない。だが、そのほかのものはすべて違うようにしようと話し合った。

例えば、僕はTシャツ&デニムのカジュアルスタイル。伸典は毎日スーツを着てネクタイを締めたトラッドスタイル。

僕は特定の部分でしか業者様のお付き合いをしない社長だった。だが彼は幅広く、お取引様、業者様とのお付き合いをするようになった。

そして、僕とは全く真逆の役割を彼はつくっていった。

何よりも違うのはスタッフに対して。僕はいつも背中で教えていくタイプ。彼はスタッフのほうを振り返り、目と目を合わせしっかり一人ひとりを教えていくタイプ。

会社の空気はどんどん変わっていった。

そして目標の20年を少し過ぎた、創業から20年4カ月。僕は社長の座を彼に渡した。

約束の日

もともと僕はそのまま会社をやめるつもりだった。

そのまま海外に行き、一人でもう一度、小さなカフェからお店づくりを始めようかなと思っていた。

ところがラウンジカフェ「1967」など他社の立場ながら松村厚久の会社のお店をプロデュースするなど、いくつかの共同事業を進めていく中、いつしか「松っちゃんの会社とイナケンの会社を一緒にすればいいじゃん」と多くの人に言われるようになっていった。

最初、僕はそれを冗談のように受け止めていて、あり得ないと思っていた。

ところがある日、松村と二人で呑むことがあり、「松っちゃん、本当に俺たちの会社って一緒になれると思う?」と僕は聞いてみた。

松村の目が一気に変わり、ものすごく力強い眼力で彼は言った。

「イナケン、一緒にやろう。やってくれたら嬉しい」

「本当にそう思ってる？」

何度も確認した。

「一緒にやりたい」

松村は全くぶれない気持ちで僕に伝えてくれた。

その時の松村の顔は今も忘れない。

そして、僕は会社をただ離れるのではなく、松村の会社ダイヤモンドダイニングと共に役員として残り、ゼットンを見守り続け、グループ全体がこれまで以上に飛躍できるために力を尽くす覚悟をした。

その決断をしてから、僕は松村との約束をパートナーとして果たしていくことになる。

ただ、それを行うにはたくさんのハードルが目の前に広がっていた。

まずは会社を渡すと決めた鈴木に、僕の決断がどう映るかだった。

初めて鈴木にそのことを伝えたその日、彼は返事をすることができなかった。

そしてそのことをきっかけに後日、鈴木ともう一度この話をした時、彼は「稲本が決めたことなら従います」と言った。

ただ彼の表情から、完全に納得していないのは一目瞭然だった。

そこからスタッフ一人ひとりに会社が一緒になることを伝え、ダイヤモンドダイニングのスタッフとも交流が始まった。松村との話はものすごいスピードで進んでいった。

実はダイヤモンドダイニングのＴＯＢを進める中で、一度だけ鈴木が僕のところに来たことがあった。彼は「このＴＯＢが終わった後、僕には社長を続けることはできません」と伝えてきたのだ。

それでも僕は彼を信じた。そこから数日、彼は悩みに悩んだと思う。

おそらくいろんな方へ相談をしながら、さらに鈴木と松村の会談も続いた。

そして彼が次に僕の目の前に現れた時、既に彼の目は変わり、力強い目で「申し訳ない。覚悟はできました。僕はゼットンをさらに素晴らしい会社にしてみせます」と宣言をしていった。

その時の鈴木の気持ちを察することもできない。

しかし、彼の決断は決して間違っていなかったと思うし、20数年付き合ってきて、物事が腑に落ちた時の彼の力を僕はいちばんよく知っている。

彼はきっとＤＤホールディングスの中で、ゼットンという会社をこれからもさらに光り輝かせてくれるだろうと、僕は確信している。

事業継承

なぜ創業した会社から僕が離れるのか。

なぜ離れなくてはいけないのか。

いろんな人に質問されることがある。

そもそも会社とは個人のものではなく、創業したゼットンも僕の会社とは思っていない。

もちろん僕自身も、創業してから10年近くはあまりみんなの会社という想いではなく、自分の会社という意識が強かった。

その後、公共施設の開発に携わり、上場企業になり、たくさんのスタッフに囲まれて会社を運営していく中で、自分の会社という意識はどんどん薄れていき、自分たちの会社という意識が強くなっていった。

社長という役割はわかりやすく船にたとえれば船長。

僕はどちらかというと小さなスピードのある船で、海図も持たずに太陽の位置と、潮の流れだけを見極め、新しい島を探しに行くのが大好きで大得意。

その中であれば、どんな荒波も乗り越えていけると今も自負している。

ただ、少し大きくなった船を海図を見ながら遠くに進めていくためには、僕がいつまでも船長でいたのではダメだろう。

会社の規模が大きくなればなるほど、目的地にたどり着く自信がどんどん薄れていった。

このままではいけないという日々が続き、海図を見ながら大きな船を進める勉強もしてみたが、やはり自分に適した仕事ではないと感じるようになっていった。

その時、僕の脇を支えてくれている鈴木伸典を見た。

彼ならもっともっと大きな船を、ずっと遠くにまで進めていけるのではないか。

そう強く思うようになっていった。

要するに、私企業ではない以上は、社長も専務も店長も適材適所。

そこに適した人間がいれば、その人間がその役割をこなしていくべきだと僕は思う。

企業の寿命の話はたくさんあるが、よく聞く話は「企業30年説」。

本当に勢いがあるのは最初の10年、元気な優良企業でいられるのは30年までという説だ。

具体的には、企業の生存率は1年で40％、5年で15％。10年になると6％、さらに20年は0・3％、30年は0・02％にまで下がると言われている。

要するに、1年後に6割の会社、5年後には8割以上の会社が潰れるという。

そんな中、ゼットンという企業を30年、そして50年、100年企業にしていくためには、僕がいつまでも舵をとっていてはいけない。

ましてや親族への事業承継などは僕の感覚的にはできるものではなかった。

もちろん、親族の事業承継をしながら何代も続いていく会社もあるし、もっと早い段階で大企業に事業を売却していく人もいる。

おそらくこれからの日本は事業のＴＯＢやＭ＆Ａがもっともっと増えていくのではないだろうか。


僕は幸運にも事業承継を後継に託し、そしてその親会社の役員となり、新しいマーケットへのチャレンジをさせてもらえる位置についている。

これ以上の幸せはないと思っているし、この任務を全うしようと思っている。

現に僕が代表取締役をゼットンから降りたことにより、新しいポジションがどんどんつくられている。

スタッフが生き生きと働く姿を見るたびに、僕の判断は間違っていなかったと、100%、いや200%思っている。


そして何よりも僕は人に変えられることが大嫌いだ。

変えられるのではなく、自らが変わり続けていく。

時代の後を追うのではなく、いつも時代の最先端を走っていたい。

自らが変わり続けることによって、周りを変えていく。

そんな想いからも今この時期に、事業承継することは自分の中ではものすごく大切な使命だと思っている。

新しい景色

僕はもともと社長業に憧れていたわけではなく、会社を創業しようと思ったこともない。

ある日、名古屋の倉庫街で見つけた古い一軒家をカフェにしたいという想いだけで創業し、イケている店がつくりたいという想いだけで20年やってきた。

思えばこれまでこの20年、その繰り返しだけだった。

きっとこれからも、それを繰り返すことしか僕にはできないと思う。

世の中が変わり、時代が変わり、そして国が変わっていっても、きっと僕はお店をつくるということに情熱を傾け続けるだろう。

それくらい店づくりが好きだし、それくらい飲食業を愛している。


僕は今、グループ会社9社、従業員数約1万人規模になったDDホールディングスの取締役として、チーフクリエイティブオフィサーという役名をいただき、そして海外統括という立ち場で仕事をさせてもらっている。

スタッフの前で「僕はタンクトップでありたい」と宣言している。

タンクトップとは洋服のタンクトップのことだが、その語源はいくつもある。

その中で僕は、戦争中、戦車（タンク）の前（トップ）で上着を引きちぎり、身軽になって戦車部隊の先頭に立ち、地雷のあるなしなどを確認するために走り続け、先陣突破していく兵士のことを「タンクトップ」と呼んだ――という話が好きだ。

要は戦いの最前線中の最前線にいる。それが僕にとってのタンクトップだ。

部隊が大きくなった今も、僕はタンクトップを走り、チームの方向性、そして新しいものを先頭で創り続ける。そんな意識で戦い続けたい。

そして、新しい景色をみんなで見に行きたい。そこで見る景色もみんなで見るほうが楽しい。いつもハワイできれいな虹やサンセットを見ていると、チームのみんなでこの景色を見たいという気持ちがわいてくる。

松村をはじめ、ＤＤホールディングスというチームのメンバー、そしてさらにこれから増えいく仲間たちと一緒に、誰も見たことのない美しい景色を見ることを僕は目標としている。

第6章

DREAM

夢

夢なんていらない

夢なんていらない。

と言うよりは、僕には夢なんてなかったし、夢なんていらなかった。

あくまでも僕はいらなかったという話。

夢というものの価値観については素晴らしいものだと思っているし、夢以上に素晴らしいものはないと思っている。

世の中全部、国だろうが、街だろうが、家族だろうが、そもそもは夢から成り立っているんじゃないかなと思う。


これが僕の夢だ、私の夢だと、明確に言えるということは素晴らしいことだと思う。

それを否定しているのではなく、夢を持っている人は必死に、その夢を叶えていただきたい。

その夢に向かって全力で生きていくことが、何よりも素晴らしいことだと思っている。

だが、今の時代は僕たちの時代以上に、夢を持ちにくい時代になっているのは間違いないだろう。

テレビやネットから毎日流れてくるニュースは、未来を夢見るにはあまりに不安。

普通に生きているだけで、世の中からいろんなストレスが襲ってくる中、夢なんて到底持てないと思っている人はたくさんいると思う。

僕は年に数回、大学で講師をしているが、講義が終わった後、必ず「夢が見つからないんです」「夢がないんです。どうしましょう」といった質問を多く受ける。

夢がないことに悩んでいる人がいかに多いか。


でも思えば、僕も夢はなかったなぁと。

そんな質問をされるたびに、自分は夢なしで生きていたんだってことに気が付いた。

夢のことを論じるのはすごく難しいことだと思う。

人によってもそれぞれその捉え方は違うだろう。

経営者をやっていると、取材で必ず聞かれるのが「小さい時の夢はなんでしたか」ということ。

50歳という人生の折り返し地点に来ても、その質問には一度もまともに答えられたことがない。

僕の夢は何だったっけと思いながら、無理くり夢ってこんな感じかなと、手探りしながら答えているが、どうもしっくりこない。

あえて言えば、うまいものを食べたい、いい車に乗りたい、素敵な女性と付き合いたい
——この三つが夢っぽいものだった。

これは今も変わっていないかも知れない。


そんな僕もフリーター時代、夢を意識したことがあった。

昔はインターネットもなかったので、本屋に行くことが情報を得る大事な手段だった。うず高く積まれた本の中には、夢の本が山積み。夢に日付を入れろとか、夢日記とか、夢に向かって生きろとか、そんな本がたくさんあった。

そんな本を見るたびに、夢がなきゃダメなのかなと、自分の夢のなさを責め、自分の夢がないことを不安に思った。

何だかわからないけど、次第になんとかして夢を見つけたいという想いが強くなっていった。

それでも僕は夢を見つけることができなかった。

そして、これまでの間、ずっと夢を見ずに生きてきた。

夢のない僕は、夢を見られない代わりに、一生懸命目の前のことに取り組み、一生懸命周りの人と笑い、毎日を大事に生きようと思って生きてきた。

周りの人、自分の近くにいる人、親、兄弟、大事な人、友人、自分にかかわった人には少しでも幸せになってもらいたい。そんな想いだけは非常に強かった。

そんな夢のない人生だった僕が、50歳を機に自分の人生を見つめ直してみた。

すると、驚くことに気が付いた。

振り返った僕の思い出には、

夢のような人生が広がっていた。

数字があるものは目標、数字のないものは夢とか、夢にはいろんな定義がある。

僕の定義は、夢は目をつぶって見るもの、目標は目を開いてそこに向かっていくもの。

そんなふうに思っている。

目をつぶるといつも、これまでの思い出がよみがえってくる。

夢を見失ったとか、年を取って夢を見られないとか、夢に悩む人はぜひ目をつぶって人生を振り返ってみてほしい。

最初は見えないかもしれないけれど、自分の人生を探っていくと、夢のような出来事がたくさん起こっているはずだ。

夢は持っていなくても、目の前のことを大事にしていけば、その人生はきっと夢のようになる。


夢なんていらない。

夢なんかなくてもいい。

だけど夢みたいな人生にしよう。

At a surf spot that belongs to my condo in Hawaii

FRIENDS

人

僕の人生に最も影響を与えてくれたものは
本でもなく、映画でもなく、政治でもなく、
人だった。
僕は自分の力だけで生きてきたつもりはない。
いつも人に助けられ、いつも人に教えられ、
そしていつも人に導かれてきた。
僕の能力は微々たるものではあるけれど、
僕は周りの人の力によって、
たくさんの力を与えてもらったと思っている。
そしてこれからも、たくさんの人に助けられていくだろう。
というか、助けていただかないと、生きていけないと思っている。
数えきれないくらいたくさんの方々に助けていただいて生きてきた。
ここでは5人の友人たちに僕の話をしてもらった。

人生の師とも言うべき男

――髙島郁夫

同じ北陸生まれである髙島さんは、一回り近く年上の大親友だ。いつも同じものを見て、同じ感覚で笑い、同じ感覚でものを捉えられる。そんな髙島さんはいつまでも追いつけない、僕の目標だ。

たかしま・ふみお　１９５６年生まれ、福井県出身。関西大学経済学部卒業後、マルイチセーリング株式会社に入社。90年に新規事業として株式会社バルスを設立。96年にその株式を買い取り独立。２００２年にジャスダックに上場、05年に東京証券取引所第二部に上場、06年第一部に株式を指定替えした。12年、ＭＢＯ実施により上場廃止。17年、株式会社Francfrancに社名変更。現在、同社代表取締役　社長執行役員。主な著書に『フランフランを経営しながら考えたこと』（経済界）、『遊ばない社員はいらない』（ダイヤモンド社）など。

北陸生まれのラテン系!?

名古屋と言えば稲本という男がいる。彼に頼めば人を集めてくれるんじゃないか。BALS TOKYO NAGOYAオープニングパーティーのオーガナイズを誰に頼もうかと知人に相談した際、紹介してもらったのがイナケンだった。

同じ北陸生まれだから似ているのかなと思うけど、お互い「北陸っぽくない」とよく言われるラテン系。

真面目な人が多い北陸だとラテンのノリは辛いものがあるから、東京に来たんだろう。でも、北陸はいいところだから盛り上げたいね、という話はよくしている。

育った環境もやってきたことも違うのに、ノリというか考え方がわりと似ているのは、本質的な部分を求める性質だからかもしれない。人に対しても物事の見方も、何が正しいのかを二人で話していると、自然と合ってくる感じはあった。

昔は濃く会っていた時期もあったが、今ではそんなに会わなくても通じるものはある、そんな深い付き合いになった。

0から1にしていく企業人

ゼットンをやめ、ダイヤモンドダイニングと一緒になることも随分前に相談された。飲食業界は個々にがんばっている人間が多いが、これからの時代、タッグを組まないと、大企業に立ち向かっていくのは難しいんじゃないだろうか。

１００億円の企業が5社集まれば５００億円になる。そうなればバイイング・パワーが違うし、間接部門を合理化することもできる。そのほうが上場するよりも、企業価値が上がるんじゃないだろうか。だから企業の合理化・効率化を図り、アウトプットの業態はそれぞれ会社のパーソナリティを生かせばいい、という話はよくした。

これからの企業の在り方としてはありじゃないかなと思う。

一方、企業人にはいろんなタイプがいて、0から1を目指す人と、1から2にする人もいるが、イナケンは完璧に0から1にしていく側。ゼットンを創業し、１００億円企業にまでしたが、これから先の1から2、2から3にしていくには違う能力が必要だと思っていた。

だからこのタイミングで会社を譲ったのは良かったと思う。このままゼットンを経営していくだけでは、彼自身ちょっとつまらないんじゃないかなと思っていただろうし。自分自身も0から1にしていくタイプ。ただ僕は0から1だけでは終わりたくないから、1から2、2から3にもできるようにしたいと思っている。その面白さや見えてくる風景はまた違うが、彼が面白いと思う価値判断はそこにはなかったんじゃないだろうか。

やっぱり0から会社を興したり、一つのブランドを作り上げていくなど自分たちで生み出していくことは楽しいしやりたいこと。できたものを持ってくることには全く興味がない。そこは僕も一緒かな。

今のイナケンはまっちゃん（松村厚久）のサポートも含めてＤＤホールディングスの取締役となり盛り上げようとがんばっているけど、早く形を作り、5年くらいのタームでケリをつけたらいいんじゃないかなと思っている。

また別のことをやるのを見たいし、若干窮屈じゃないかなと思うから。

会社を統合し、そこで学ぶこともあるだろうし、そういうものをトータルして何か新しいことをもう一度やってほしいなと思っている。

心の中はいつも短パンとビーサン

何が大事で何が大事じゃないというのが価値観だけど、僕とイナケンはそこがすごく合っていると思う。例えば世の中をどう見るかとか。

鎧を着ないで、素のまま世の中を見るのが大事だって話はお互いよくする。

社長だからって勘違いして偉ぶると、世の中が見えなくなってくる。

だから、心の中はいつも短パンとビーサンでいようと。

そういうスタンスで世の中を見ていると、見えてくることもある。

具体的にはよく歩く、いろんな人と話をする、いろんなことを体験する、いろんなことに興味を持つことだろうか。

例えば「グランピング」という言葉が流行っているが、それを実際にやってみたか、やらないかの違いは大きい。

体感してみなければわからないことは結構多いから、知識だけで語るのではなく、一応はかじってみる習慣はつけたいと、いつも思っている。

最近だと、グランピングの流れで焚火にハマった。薪を買い、薪割をし、週末に焚火をする。そこで、火が燃えるっていいなとか、火の回りに人は集まるんだなとか、火はただ燃焼するだけでなく、コミュニケーションツールなんだなということがわかってくる。

その時の精神状態も大事だと思うし、それがビジネスなり発想なりにつながることもすごく多い。

かつて手がけたＷＴＷというサーフブランドも、サーフィンをやっていて、波待ちをしている時の感覚が、「あ、これはビジネスに生きる」と思った。見た感じじゃなく、自分がどう感じたか。

イナケンと呑んだり、旅して話すことはそんなことが多い。

人生１００歳

いつだったかスペインのバスクにあるレストラン「アズルメンディ」がいいと聞き、そこまで二人で行って、5時間くらい食事をしたり夕陽を見ながら語り合った。

イナケンも常にオープンマインドでいるから、いろんなことを感じるんだと思う。

彼とは本当に世界中、よく一緒に旅をする。

自分はまだ業務的なことで海外に行くことが多いが、イナケンは感性を磨くために旅するって感じだろうか。

そういう意味では、彼の方が海外とクリエイティブなかかわり方をしている。

感性は身に付けないと仕事の質は上がらない。

いろんなものを見る趣きは大事だし、知らないと何も創造できない。

30代の時、3年間やっていたトライアスロンも、イナケンと一緒に再び始めた。

健康のためもあるが、泳ぐ、走るという人間の基礎的運動をやりながら、それがレースになるのはすごくいいなと思う。世界各地で行われるレースを旅するのもいい。

海外では1週間ほど滞在。レースもさることながら、仲間と寝食を共にするのも楽しい。

そんなうちのチームに参加している若い経営者たちとはよく話をする。

自分もかつてはそういう先輩がたくさんいて、いろんなことを教わってきた。

イナケンは生み出すことは好きだけど、規模を追うタイプではないので、規模を目指せば行動も変わってくるんじゃないか云々、という話をしたかな。

自分は人生１００歳と捉えているから、60代になった今でもまだまだ3ステージくらいはあるんじゃないかと思うし、早く次のステージにも行きたい。

イナケンもまだまだこれから。

今の彼は独身なので、プライベートがどうなるかも楽しみ。

自分ができなかったことの期待を込め、ラテンのすごく魅力的な女性と結婚してほしい（笑）。できたらじゃじゃ馬。彼女が素敵な女性になっていくプロセスを共に過ごすようになってほしいかな。

自分もそうだけど、陽気な彼の裏側には何倍もの苦労がある。

出してもしょうがないから出さないだけで。でもなんとなく、今の彼はこういう状態じゃないかなと感じることはある。

まだ言ったことはないけれど、彼が本当に困るような境遇になったら、僕は何をおいても助けたいなあと思っていつも見ている。

絶対弱音は吐かないとは思うけど。

そんな彼の次のステージを、今は期待している感じだろうか。

最も喧嘩をしてきた男

――森田恭通

誕生日も1週間しか離れていない同級生の森田は、出会って20年近く。最も大人になって喧嘩をしてきた親友である。それくらい本音でぶつかり合える男。ただの呑み友だちから始まった森田は、今は世界に誇るデザイナー。僕は日本の宝だと思っている。

もりた・やすみち　1967年生まれ、大阪府出身。GLAMOROUS co., ltd. 代表。2001年の香港プロジェクトを皮切りに、ニューヨーク、ロンドン、カタール、パリなど海外へも活躍の場を広げ、インテリアに限らず、グラフィックやプロダクトといった幅広い創作活動を行っている。13年、自身初の物件集『GLAMOROUS PHILOSOPHY NO.1』がパルコ出版より発売。16年には全館に「クールジャパン」をコンセプトとする三越伊勢丹HDの新型店ISETAN The Japan Store Kuala Lumpurが完成した。また、アーティストとしても積極的に活動しており、15年より写真展「Porcelain Nude」をパリで継続して開催している。稲本と「JINRO SYLE CAFE」、バー「imoarai」、ビストロ「orangé」、豪シドニーのシーフードレストラン「OCEAN ROOM」、ラウンジカフェ「1967」などを手がける。

義理人情の人

今から20数年前、「森ちゃんと合いそうな奴がおんねん」と紹介されたイナケンは、同い年なのに改まった感じで固くなり過ぎず、絶妙な間を持った、ちゃんとした印象だった。

その理由が後になってわかった。

名古屋の飲食業界はとても仲が良く、いつも遊びに行くとものすごい人数の飲食店経営者を紹介されるのだが、その中で、イナケンの一番の親友が一つ年上の現・ジェイグループホールディングスの新田治郎さん。彼は厳しいタテ社会で戦ってきた武闘派でめちゃめちゃ厳しい人だが、その彼と親友になれたのは礼儀、優しさ、厳しさを彼から徹底的に学んだからだろう。だから初対面でもいい距離感と好印象を受けたのだ。

なおかつイナケンは仕切りがうまい。名古屋ではそういったメンバーを含めた会合がたくさんあったんだと思う。これは僕の想像だが、先輩方に気を遣わせないよう自分が動く。

しかもイナケン自身、段取りが悪いのがいちばん嫌いなタイプなので、みんなが不愉快にならないよう先頭に立ち、リズムよく、楽しく会を進行させる。

それは今も同じ。だから会合となると、必ず司会はイナケンになる。安心して頼めるし、しゃべりもうまい。持ち上げてどーんと落とす。そのいじり方も絶妙にうまい。

人との距離を計算して詰めているわけじゃないと思うが、気持ちのいい接し方をされると本当に嬉しい。イナケンのことを悪く言う人はまず聞いたことがない。

加えて彼は義理人情、ケジメをものすごく大切にする。礼を尽くし、変な借りを作らない。逆にイナケンに借りがある人はたくさんいるんじゃないかと思う。

中途半端な友だちはいない

この20年間、バブルが弾け、いろんな面白い人が出ては消えていった。その中で、僕らは最初に消えると言われたメンバーだった。

僕もデザイナーを目指していたわけじゃなく、たまたま18歳の時にデザインさせていただいたバーがきっかけでこの仕事を続けさせていただいている。

お互い自然に今の形になった。なんとか残ったね、よかったね、みたいな感じ。

その間、イナケンとは本当にたくさんの店をつくってきた。

彼の店づくりはいつも自分がお客様だったらどう思うかってことをすごく考える。

その中で生まれた「ダサかっこいい」はイナケンの名言だ。

かっこよければ月1回は行くが、カジュアルで行きやすかったら月2回は行く。ちょっとしたダサさとかっこよさがうまくミックスし、ブレイクラインにくる。

そんな絶妙なバランス感覚をイナケンは持っている。

デザイナーの仕事って誤解されやすいが、かっこいいものをつくることじゃない。ましてや自分の好きなものをつくるアーティストでもない。クライアントのプロジェクト、商売の起爆剤になるのがデザインだ。

それ以前に、商売という思考、予算、スケジュールすべての要素が成り立つことを考えたうえで最大限にできることを提案するのが仕事だ。

イナケンはそのバランス感覚も非常に長けている。

お客様の気持ちにも、経営者の気持ちにも、スタッフの気持ちにも、女子の気持ちにもなれる。カメレオンのように、今の自分のスタンスと、世の中のスタンスの歯車を感じ取れる人じゃないかと思う。

そもそもイナケンは自分でもデザインをできるくらいの人。だから、ここぞって時に登場する代打みたいな感じで僕にオーダーをする。それも「インテリアは俺がやるから、森ちゃんはベランダだけやって」と。そこで六本木の隠れ家バー「ｉｍｏａｒａｉ」の時にはいろいろとアイデアを出し、シャンデリアが入ったガラステーブルを作った。下からのライトで女性はよりきれいに見えるし、盛り上がるし、ドラマティックと、大ブレイクした。

その後につくった六本木のバー「六七」もまたベランダだけ。インテリアもやらせてくれたらいいのに（笑）。とにかく面白いオーダーをしてくる。僕の引き出し方がうまい。

店のシチュエーションによってデザインは変わるので、イナケンは意思が通じる人じゃないとやりたくないと思っていることが多いが、僕は彼のライフスタイルから商売の仕方がわかる。ただ、彼の望んでいるままのものを出しても感動してくれないので、僕に対するオーダーのハードルは毎回高くなる。

そんな中での彼との仕事はやりやすくもあるが、プレッシャーでもある。親友だからこそ逆に、ちゃんとしたものをつくらなければならない。友だちって実は仕事はやりにくい。結果を出さないと友人関係も壊れてしまう。でもそこを超え、お互いを出し切った人間だからこそ真の友だちになれる。

だから彼には中途半端な友だちがいない。それなのに、あれほど多くの友だちがいるのはすごいことだと思う。

50歳という節目のステージ

今回、イナケンがハワイに拠点を移したのも絶妙のタイミングだと思った。

これまでもイナケンはたくさんのブランドをつくってきたが、その中で「アロハテーブル」はハワイが好き、サーフィンが好きといった彼のライフスタイルと見事にマッチした。日本にハワイにいるような気持ちのいい、カジュアルでちゃんとしたコナコーヒーを飲めるところを考えたのだろう。それが見事に当たった。

そして50歳という節目の年、次のステージに行くことを考えた時、1回フラットにしようと考えたのだろう。

ゼットンをやりきったところもあるし、DDホールディングスのまっちゃん（松村厚久）と一緒になることによっての相乗効果もある。

自分のポジションを離れて海外だけでやってみるのも彼の選択の一つだった。

僕らの共通の兄貴分でミュージシャンの布袋寅泰さんもちょうど僕たちと同じくらいの年に、日本の家も車もすべて売り、ロンドンに行く決断をした。

彼の人生が変わる瞬間を側で見ながら、考えるところはいろいろあった。

ここまで来たが、このままずっといるのか、もっとブラッシュアップして進むのか。

当然、布袋さんも僕もイナケンも後者、今のキャリアを捨ててもう1回何かできないかなと思う。

イナケンが動いたと思ったら僕も動かなきゃいかん。

いい意味で、近いところにいるライバルであり、友人であり、尊敬する奴だと思う。しかも僕が奥さんと結婚できたのも彼のお陰でもある。

人生、本当にいろんなことがある。

もしかしたらハワイを拠点として、また次の一手を考えているかも知れない。

本田直之と世界を回るようになり、目を見張るくらいに英語が上達しているのを見ると、世界を見ているんだなぁと思う。

早い時期から僕は海外に出ていたので、世界のマーケットに出て戦うことの厳しさはよくわかるし、大変だと思うが、それでもやっぱりやろうよって言うだろうな。

世界を共に旅する男

――本田直之

ハワイと日本のデュアルライフを過ごす彼は、僕の一つ後輩となる。後輩ながら、どこまでもナオとはいつもフラットな関係だ。
大人になってから彼と知り合ったことにより、生き方についてすごく考えさせられた。僕は彼のように生きることはできないが、自分らしく生きることの素晴らしさを彼は教えてくれた。そんな彼とは世界中を旅する。そして世界を一緒に走り続ける、かけがえのない友人だ。

ほんだ・なおゆき　レバレッジコンサルティング株式会社代表取締役社長。明治大学商学部卒業後、シティバンクなどの外資系企業を経て、バックスグループの経営に参画。常務取締役としてＪＡＳＤＡＱ上場に導く。現在、日米のベンチャー企業への投資事業を行うと同時に、ハワイと日本に拠点を構え、旅をしながら仕事をするライフスタイルを送っている。著書はレバレッジシリーズをはじめ、『あたらしい働き方』『Less is More』『なぜ、日本人シェフが世界で勝負できたのか』『オリジナリティ 全員に好かれることを目指す時代は終わった』など累計３００万部を超える。

旅を一緒にできる貴重な仲間

イナケンさんに会ったのはちょうど10年前。当時から共通の友人がたくさんいて、どこかで会うだろうなとは思ってはいたが、ちょうど僕がハワイに住み始めて1年くらい経った頃だろうか。彼らもちょうどハワイで事業をやり始めた頃に紹介された。

イナケンさんって写真だけ見ると厳ついし夜のイメージが強いが、会ってみるとすごくちゃんとした人。すぐ僕のハワイの家で呑むくらいだから、すぐに気が合ったのだと思う。

しかも旅をすると、長時間一緒にいるから、呑んだり食事をしたりするだけではわからないこともよくわかる。しかも何度も一緒に旅ができるのはよっぽどのこと。家族並みのレベルじゃないと、そう何度も旅することはできない。

そういう意味では、大人になって旅を一緒にできる貴重な仲間。

さらに言えば、食べることも好きだし、サーフィンも好き、トライアスロンもやるし、朝一緒に走ったりもする。そんな共通する好きなことを通じて、ますます親しくなった。

イナケンさんと頻繁に旅するのはヨーロッパ。アメリカは昔好きだったが、今は資本主義が強すぎ、興味が持てなくなった。それよりももっと本質的な文化だったり、仕事より普段の生活や家族や仲間を大切にする生き方、物に溢れていないシンプルな生活に共感できるヨーロッパには年2カ月くらい行っている。そして最近よく行くのが日本の地方。地方にもヨーロッパに通じる文化やその土地の良さが残っている。

僕がイナケンさんに影響を与えたとするなら、日本とハワイを行き来して生活し、旅を続けるライフスタイルかもしれない。

よりシンプルに、何にも縛られない生き方を常とする僕と同じように、イナケンさんにも思うところがあったんじゃないかなと思う。

役割を変えることを提案

そもそもイナケンさんが創業したゼットンをやめ、DDホールディングスの取締役になることを選択肢の一つとして提示したのは僕だった。

どちらかというと自分も同じタイプだから。僕も上場企業を経営していたが、友人に社長で入ってもらい、常勤から3年間の社外取締役を経て退任しハワイへ移住。その前に本を出版し始め、ハワイ移住の準備をし、次のライフスタイルをつくり始めた。

僕が彼に言ったのは「役割を変えたほうがいいんじゃないか」ということ。

イナケンさんはクリエイティブな人間だから、１００億円の企業を経営することは決して楽しいことだけではなかったんだと思う。

一方、新しいお店をつくったり、何かをクリエイトすることはハワイでも成功しているわけだから、そっちの仕事のほうがイナケンさんのやりたいことなんじゃないのかなと僕は常々思っていた。


会社は規模によってやるべきことが変わってくる。僕も会社の売り上げが１００億円になった時点で一線から離れた。１００億円まではできるが、そこから１０００億円にするのはまた別の人、別の才能。自分に向いていることをやらなければ楽しくない。

特に上場企業は社員はもちろん株主も満足させなければならないし、事業も伸ばしていかなければならない。そう考えると、その時点で合う人が経営すべきだと僕は思っている。

そんな話をイナケンさんともよくした。そして彼は会社をやめる決断をしたが、一般の社員が会社をやめるのとはわけが違う。

会社の売り上げを伸ばすことは他の人が担当し、イナケンさんはＤＤホールディングスの未来をつくることに挑む。自分がやっていた、より得意なことにフォーカスをするわけだ。

そのためにはいろんな決断を迫られた。ゼットンとＤＤホールディングスが一緒になることも一つの選択肢だった。

僕がやっていたバックスグループも後に博報堂に１００％売却された。常に業績を伸ばすことが得意な人と一緒にやらないと会社に先はない。

今後、僕たちのような決断をする会社、経営者は増えるのではないだろうか。

特に飲食業界は単独でやるのは厳しいと思う。１００億円くらいの会社がいくつかあっても効率化されないし、本部機能もどうしても重くなる。

ゼットンとＤＤが一緒になれば無駄がなくなるし、お互いのいい部分を共有し、もっといい会社にもできる。ある意味、筋肉質になり、もっと伸びていくんじゃないだろうか。

一方、イナケンさんがクリエイティブな仕事に専任したことによって、僕も一緒に新しいものをクリエイトする手伝いができる。新たなベンチャービジネスもやりたいし、シェフの育成もいいかも知れない。それはきっとすごく面白いことだと思う。

ありがとうの人

そんなイナケンさんと東京以外では一緒にいる時間も多いが、いつもすごいなぁと思うところがある。それは「ありがとう」の言葉。

感謝の精神というのか、誰に対してもイナケンさんは徹底して「ありがとう」を言う。日々忘れがちになるが、これだけ仲良くなっても、彼は何かあった次の日、必ず「昨日はありがとう」と言ってくれる。それが彼の本質じゃないのかと思う。

初めて会った時、ちゃんとした人だと思ったのはそんな部分からかもしれない。ポーズで感謝の気持ちを表す人は結構いると思うが、イナケンさんは芯からその気持ちがわき出ている。それは簡単なようでできないこと。

「ありがとう」だけでしょと思いがちだが、その根底にあるものはもっと深く、シンプルだけどすごいことだと思う。自分の会社を上場させても、誰に対しても、言葉だけじゃなく、その気持ちが伝わるのだから。

それは彼が誰に対しても、社員に対しても、人を大切にしていることが大きいと思う。

飲食業界であんなに長年、みんながやめずに勤めている会社はなかなかない。だから強い。同じくらいの売り上げで同じようなビジネスをやっている企業と比べても、そこが強いから崩れない。人に対しての考え方もそう。幹部スタッフもそんなイナケンさんの想いを継承している。本当に珍しい稀有な会社だ。新社長の鈴木伸典を筆頭に、ゼットンの社員は仕事を離れてもみな、気持ちのいい奴ばかり。人を大事にする、その意味もよくわかっている。

大体、会社を経営すると、人間関係に悩み、いろいろ勉強して変わっていくものだが、イナケンさんはもともと生まれ持ったもの。これも才能だと思う。

そんな彼とこれからも変わらず、走ったり、サーフィンしたり、トライアスロンしたり、旅したり、新しいことをやっていきたい。

イナケンさんの影響で始めたトライアスロンも、肩書とか関係ないところでいろんな人と仲間になる。だからこそ絆も強くなる。

そういうのは大人になってなかなかないことだと思うが、利害関係もない、かつチャレンジを共有する仲間たちを得られたことは、自分の人生にとってもすごく大きなことだったと思う。

僕の人生を大きく変えた男
——松村厚久

松村と初めて会った時の印象は、正直言ってあまりよくない。昔は普通の人だったはずだが、付き合いを深めるたびにどんどん変わっていった。パーキンソン病という難病を患った後、彼のパワーはさらに強くなっていく。ファッションもそうだが、彼の考え方は尖っていて、いつも最先端を走っている。病気をも力に変えてしまう男。最もリスペクトする1967世代の大親友であり、最強のパートナーだ。

まつむら・あつひさ　1967年生まれ、高知県出身。89年、日本大学理工学部卒業後、日拓エンタープライズに入社。95年、池袋に日焼けサロン「マーメイド」を創業し、翌96年「A&Yビューティサプライ」を設立する。2001年、銀座に「ヴァンパイア カフェ」をオープンし外食業に参入。翌02年、株式会社ダイヤモンドダイニングに社名変更した。07年に大阪証券取引所ヘラクレス市場（現JASDAQ）へ上場。08年、外食産業記者会が表彰する「外食アワード2007」を受賞。10年、外食業界初の〝100店舗100業態〟を達成した。15年、東京証券取引所市場第一部上場。同年、小松成美の著書『熱狂宣言』で若年性パーキンソン病に罹患していることを公表した。18年秋、同名映画を公開予定。

外食業界の太陽

今も昔も、稲本健一〝イナケン〟はかっこいい。

どこにいても光り輝いていて、僕はイナケンのことを「外食業界の太陽」と呼んでいる。言うならば〝イナケン〟という呼び名は、木村拓哉〝キムタク〟と同じカテゴリー。

圧倒的なその存在感にブレはない。その言動もいちいちかっこいい。

例えば、先日も女性社員の産休をどのくらいにしようかと話し合い、2年に落ち着きそうだったところ、イナケンは「出産したら最低3年間は子どもを抱き続けてあげろよ」みたいなことをバシッと言う。

そういうフレーズがすぐに出てくるというのは、本気でそう思っているから。

その場その場で、いちいちかっこいいフレーズをぽんぽんと差し込む。

それが稲本健一。既に自分のブランディングを確立している。

そんな彼のブランディングがビジネスでも奏功しているのは明らかで、出店する際も必ずいちばんいい物件を取ってくる。デベロッパー殺しなのか、駆け引きがうまいのか。

例えば東京ミッドタウンでは、入り口すぐ近くのいちばんいい区画にレストラン「オランジェ」を出店。横浜モアーズも、僕らは粛々と企画書をいくつも作って提案し出店するのがやっとなのに、業界のことを知り尽くしたイナケンは彼独自のテクニックやノウハウがあるからか、テラスをゾーニングできるいちばんいい区画を取る。

そこには僕たちと圧倒的な差がある。

侵してはならないパーソナルライン

僕は経営者の誕生会をはじめ、忘年会、大小さまざまなイベントを年間30本くらいプロデュースしているが、大きなイベントの司会は昔からいつもイナケンにお願いしてきた。台本から即時、進捗状況を把握する。場の空気を読み、アドリブが効く。何と言ってもしゃべりがうまい。

裏方でありながらスポットライトも浴びる、まさに一石二鳥の効果があり、ここでも彼のスター性は十二分に発揮される。

毎年12月末日に、外食業界の経営者だけが１００人以上参加する忘年会を10年近く続けているが、その時の司会も当然イナケン。

加えて、昨年末は〝ブルゾンちえみwith B〟に因み〝with D〟の余興をやってもらった。彼のブランディングではありえないことだが、何気にいじられるのは嫌いじゃないのだ。注目を浴びることは好きだし、何よりも自分の立ち位置をよくわかっている。汚れでもなんでも、やらなきゃならない時はやる覚悟はいつもある。

それは上下関係の厳しい名古屋の外食業界で鍛えられているからだろう。

だから東京で会うイナケンと、名古屋で会うイナケンは印象が少し違う。

東京ではかっこいいイナケンなのだが、名古屋ではただかっこいいだけでなく、泥臭い体育会系のノリで後輩たちにぐいぐい迫る。

ネクシィーズグループの経営者で、同じ1967世代の近藤太香巳は「イナケンの後輩でなくてよかった」とよく言う。イナケンが後輩を怒るところにたまたま同席したらしいのだが、「本当に怖かった」と言っていた。

後輩が、先輩方に無礼な振る舞いを働いたり、義理人情に欠いた行いを目にした時は、本気で怒る。だから先輩からの信頼も厚い。

また、僕はイナケンの〝パーソナルライン〟と呼んでいるが、彼には侵してはならない、それ以上近づいてはならない物理的領域がある。

ある和食屋の半個室で彼と食事をした際、隣にいた若手サラリーマン一行の一人がイナケンの後ろをわざわざ通って離席した。別にそこを通らなくてもいいくらいのスペースは他にもあったのに、だ。イナケンは瞬間激怒。

そんな彼の性格をよく知っている後輩たちは、いくら親しくなっても、彼のパーソナルラインを超えないよう、日常的に口のきき方、身のこなし方、礼の尽くし方に気を付ける。

永遠のスーパーヒーロー

初めてイナケンに会った頃の僕は起業こそしていたが、まだ外食業に入る準備をしているところだった。

一方のイナケンは東京にはまだ進出していなかったものの、その存在感は既に圧倒的で、常に一歩も二歩も先を突っ走っていた。

当時、レストラン経営を目指す人たちが憧れ、手にしたバイブル『アイラブレストラン

2　新時代のレストランオーナーたち』や中谷彰宏さんの『レストラン王になろう2』で紹介されるなど、イナケンは既にスーパースター的存在。
僕にとって彼は憧れでしかなく、居合わせたクラブで知人が「あれが稲本健一だ」と教えてくれた時もかっこよく、面識のない僕はただ遠くから見ているだけだった。


実際に話をしたのはその2年後。

雑誌『飲食店経営』の商業界主催の合宿セミナーに参加した時だが、最初の印象は最悪。「名古屋はどうですか？」と聞いただけなのに、「何が？」と上から目線の高圧的な態度に、嫌な奴だと思った。

ところが印象の悪さに反し、イナケンのセミナーは本当に素晴らしかった。

『アイラブレストランシリーズ』に取り上げられた会社のうち数社は倒産と、外食業界は浮き沈みが激しいが、今なおイナケンはトップを走り続けている。

その後、業界仲間を介して食事会や飲み会が行われ親しくはなったのだが、僕がオープンしたコンセプトレストランをイナケンは真っ向から否定、批判されて気まずくなることもしばしばだった。

そんな関係から一転、急速に仲良くなったのは、ほぼ同時期に上場を志したからだ。イナケンから「上場するって聞いたけどいつ？」と声をかけられ、じゃあ食事を、さらには旅行しようよと、イナケンが当時オーストラリアに出店していたレストランも一緒に行った。

そしてゼットンは名証セントレックス、ダイヤモンドダイニングは大証ヘラクレス（現ジャスダック）で上場を果たした。

もちろん、そのための努力はものすごくしていたとは思うが、イナケンはひたすら我が道を行くタイプで、そのスタイルは絶対に曲げない。

こちらがひやひやするほど証券会社や銀行との付き合いはほとんどせず、。挨拶も、必要最低限で社長のそれではなかった。

それでもここまでゼットンを大きくできたのはある意味、奇跡だと思う。

かしこまった席に出席することも好まず、ネクタイを締めるのは株主総会くらいだろう。

僕は、知人の親が亡くなった時は、必ず葬儀に列席するようにしている。僕の親父の葬儀の時、イナケンはわざわざ高知まで来てくれた。

そこでネクタイをしている姿を初めて見て、泣けた。本当に彼は情に熱い男なのだ。

現在、イナケンはＤＤホールディングスの取締役海外統括になり、大親友から最強のパートナーになった。

朝礼でイナケンと並んでいると、楽しくてしょうがない。

トライアスロンとサーフィンで身体を鍛え、海外生活で精神も研ぎ澄まされた、イナケンはさらにスター性が増し、その影響力、存在感を維持し続けている。

イナケンは外食業界を超えた有名人。そんな人間はそういない。

「オーバー・ザ・外食企業人」として、これからどんなパフォーマンスをクリエーター、エンタテイナーとして魅せてくれるのか。

面と向かっては言わないが、本当に稲本健一はすごいと思う。

ゼットンの社名の由来の一つは、ウルトラマンを倒した宇宙怪獣の名前であるが、僕にとっての稲本健一は、困った時に、海の向こうにいても必ず駆けつけてくれるウルトラマンのように思える。

稲本健一は僕の永遠のスーパーヒーローだ‼

いちばん大切なものを託した男
——鈴木伸典

創業した会社を託した大切な友人、そして後輩である鈴木伸典は、もともとは僕がやっていたバーの常連客だった。誰に紹介されたわけでもなく、お客様と店員の関係。そんな関係から始まった伸典とももう24年。

僕は彼ほど熱く優しい人間に出会ったことがない。人間味の塊と言ってもいい。

どんな辛い時も、僕は彼の笑顔に助けられてきた。

そんな僕が最も信頼する男、鈴木伸典。

すずき・しんすけ　1971年生まれ、岐阜県出身。株式会社ゼットン代表取締役社長。愛知大学法学部在学中、稲本に誘われバーテンダーのバイトを始める。卒業後、司法書士を目指すが断念しゼットンに入社。2軒目「オデオン」店長に就任直後、売り上げを3割近く落とすも、3カ月で起死回生し大繁盛店に。その後、家業の縫製加工業を継がないことを決断し「ゼットンをやめない」と宣言。以降、取締役副社長兼営業本部長として、2006年の名証セントレックス上場などに尽力する。16年、ゼットン社長に就任。

人生最悪の日

ゼットンの社長になると決めた当時、20代の僕は稲本が会社を去る時のことは想像だにしていなかった。

その時の心の痛みとか、自分の気持ちの揺れ動きを考えることもなく、ただ勢いで社長になると言っていただけだった。

それが現実化し始め、稲本が退任する株主総会の前日、台本を読み直そうと思ったものの、自分自身の中でリハーサルはしたくなかった。

いろんなことを想像し始めたら、鈍感な僕もどんどんナーバスになっていき、議長なのにちゃんとしゃべれるのかなという不安さえあった。

稲本が会社をやめる日は人生最悪の日。稲本の退任を議事進行議長として僕が進める株主総会は地獄だった。

株主総会後に開かれる臨時取締役会では、稲本が最後の挨拶をしている時も茫然とし、何が起こっているのか、なぜこんなに涙が出るのかがわからなかった。

あれほど恥ずかしげもなく号泣したのはこの時くらい。

稲本から「伸典、早く閉会しろよ。お前が言わないと終われないじゃないか」と言われ、雀が鳴くくらいの声で、目頭を押さえながらなんとか閉会の言葉を伝えた。

あとは何も覚えていない。

これまでも腫瘍が見つかったり車椅子になったり、離婚したりと、いろんな辛いことがあったが、今回ばかりはどうしていいかわからない。

今になってみればいい会社をつくることしかないと思えるが、その時はそんな簡単なことすら思いつかなかった。

人生最高の日

一転して、人生最高の日はその2日前に遡る。

稲本は会社をやめるまでの1年間、月に一度食事する時間をきっちり取ってくれ、いろんな社長業のためのアドバイスをくれた。

その最後の食事会に稲本が選んだ場所は、会社の未来をつくるため、オペレーターとしての僕を確立するため、当時すべてを投げうってでも繁盛させたいと思ってつくったギンザゼットンのリニューアル店「gz（グズ）」。

その当時の僕の想いを稲本は知ってくれていたのだ。

ひと通りの業務を終えた時、稲本がポケットから取り出したのは1970年前後にだけ製造されたロレックスのサブマリーナ。「サブマリーナ」の文字が赤く印字された、通称〝赤サブ〟の希少価値は高い。

しかし、価値はそこではない。稲本が人生の大勝負、ゼットンをつくり繁盛させ、軌道にのったタイミングで、自身に気合を入れるために買った時計なのである。

「お前にやるよ」と言われた時、本当にもらっていいのかと思ったと同時に、ゼットンの歴史を稲本の左手でずっと刻んできた時計だから、僕がもらわなきゃいけないんだと悟った。今度は僕の左腕につけて、時を刻んでいく。そういう受け渡しだと理解した。

僕と稲本は一蓮托生でゼットンをやってきた。だが、次の社長は稲本とのリレーションシップとはまた別の育て方をしたい。僕と稲本がやってきたゼットンはいったん僕で終わる。だからこの赤サブは次の社長の腕には巻かれない、と僕は思っている。

稲本にとっても原点というか、事業家としての時を刻んできてくれた時計への想いは強く、彼の中でいろいろ想うこと、伝えなきゃいけないことがある大切な日は、必ず稲本の左腕に撒かれていた。

そんな稲本との関係がとてつもなく嬉しく、この日は僕にとって人生最高の日となった。

人生を大きく変えたひと言

稲本に初めて出会ったのは、僕が大学二年生の夏休み。

その当時は稲本自身、会社を立ち上げるなんて考えてもいなかった。

ただ元気のいい身体の大きな兄ちゃんみたいな感じで、その時の印象は今も変わらない。

だが、稲本とコミュニケーションをとるようになり、その独特の感性、アイデンティティがすごく強烈で、今までの自分のフィールドには全くないセンス、考え方があるんだと彼に興味を持った。

その後、稲本が立ち上げた1軒目のゼットンがブレイクし、名古屋の飲食業界で稲本健一の名前が少しずつ注目され始めた頃、僕は誘われるがまま入社。その当時は飲食業にこのまま進むのかも含め覚悟が決められず、スイッチが入るまで僕は悩み続けた。

一方、徹底的にブランディングしていくPRの手法、お店づくりの設計、それに対する商品のMD、もっと言えばその根本的なコンセプトづくりなど、今までの名古屋には全くなかった、みんながびっくりするような飲食店のつくり方を、稲本はしていた。

正直な話、僕は事業家としてぐいぐい前を走っていく稲本が羨ましかった。

そこに必死についていきたいが、独立して自分で事業を始めなければそこに追いつけない気がしていた。

それは、まだデザイン会社に勤めながらバーテンダーをやっていた稲本を知っているからだと思う。

僕がバーテンダーになったのも、同じカウンターに立って一緒にお酒を作りたいなと思ったから。どこかで肩を並べたいと思っていた自分がそこにいたのだと思う。

お店づくりの楽しさを知り仕事に邁進していると、そのつもりはなくても僕のポジティブ発言が、伝言ゲームのような形で広がっていき、僕が独立するらしいと稲本の耳に入った。面談で「お前の小っちゃな独立の話を聞くくらいだったら、俺からゼットンを乗っ取ってやるくらいのことを聞きたかった」と辛辣に言われた。

そのひと言が僕の人生を大きく変えた。

僕が社長になれば、一緒にやろうと声をかけた後輩や、お店を一緒につくってきたスタッフと共に成長できる環境も、引き続き整う。家業を継いでほしいと願っていた家族も、ゼットンを企業として成長させることができれば、商売人として喜んでくれる。

ゼットンの社長となると決意して、僕の人生の解決策がようやく見つかった。「独立して自分の店を持ちたい」と月並みの返答をしない自分の生き方にもわくわくした。

そして何よりも稲本と共に僕の社長育成プロジェクトが実現ができれば、もっと業界をびっくりさせられると思った。

だから僕は社内社外問わず、絶対にゼットンをやめない宣言を始め、稲本とのパートナーシップを作ろうと、その後、ひたすらに18年を歩んできた。

受け継いだこと

稲本から受け継いだゼットンを、未来永劫輝く会社にするためには何ができるか。

今ならDDグループに入るためのTOB（株式公開買付）は未来のゼットンをつくるためには必要なことだったと思う。

本当に一緒になって良かったと思う。しかしその当時は、違う文化と融合していくのは、社長になろうとしていた自分自身、そして今までゼットンをつくってきた仲間たちに対し、これまで信じてきたものを否定しなきゃいけないことが出てくるんじゃないか、裏切ることになるんじゃないか――と勝手に思い込んでいた。

だったら自分が社長をやる必要はないんじゃないか。相当に悩み苦しんだ。

おそらくこのＴＯＢがなければ、僕の成長スピードは鈍っていただろうし、今の稲本との関係ももう少し上下があるものになっていた気がする。

ＴＯＢを成立させていくこの過程で、僕と稲本はゼットン自体のことだけでなく、経営の先の先の話、これから業界を含めてどうしていくかという深い話ができたし、いろんな意味で少し距離を置けたのもすごく良かったのだと思う。

これまでは遠慮もあり、必要な内容以外はなるべく連絡をしないようにしていたが、今はことあるごとにあえて稲本へ連絡をするようになった。報告しなくてもいいことまでも稲本に伝えることによって、会社は離れたが、稲本のゼットンでもあるのだと共有したかった。

ＴＯＢの効果を最大化させるには、一度僕がＤＤを真正面から受け止めるしかない。

その結果、それが社員をしっかり守り、そして、新たなゼットンをつくり上げることになる。

その答えを出していくために、稲本はものすごく僕にいろんなヒントを与えてくれたり、とてもつない大きなエール、力を与えてくれた。

だからこそ、まずは社員のために自分が社長として腹をくくっていこうと思えた。

本気でＤＤとのグループ経営に覚悟を決めた後、稲本は「これを乗り越えないと、伸典は本当の社長になれないいんじゃないかと思ってたんだよな」とぽつりつぶやいた。

稲本からいろんなことを教えてもらったが、大きくは二つ。

一つは「人間大事」の精神。人間は誰もがとてつもなく大きな可能性を秘めているということ。もう一つは伝えることの大切さだ。

社長に就任し、最初に行ったのは３６０人の社員との面談だったが、改めてゼットンには素敵な人間が多いと確信した。３６０人最後の面談は稲本だった。そこで稲本にした質問は一つ。ゼットンの社員は稲本にとってどんな存在か、と。その答えは僕の胸の中にある。

周りにいる人たちをあんなに大切にする人間はいない。

稲本の人付き合い、人との距離感――それをずっと見てきたので、稲本と僕の人付き合いってなんとなく似ていると思う。そういうことが僕と稲本がすごくいい距離感でやれた理由の一つだろう。

僕の中で、稲本がいてくれるのは本当に感謝すべきこと。それは贅沢で感謝すべきことなのだが、いてくれて当たり前みたいな感覚になってしまう僕がいる。

そんな時、お前は幸せだって周りから言われると、改めてそのありがたさにはっと気づかされる。稲本が残してくれたもの、教えてくれたものなど、受け売りとしてただの伝達者には僕はなりたくない。

稲本から受け継いだもの、稲本と共に創り上げてきたものを、僕という人間のフィルターを通し、スタッフやお客様、株主様、世の中、業界に対してどういう影響を与えることができるのか。この想いをずっと大事にしていきたいと思う。

髙島さんがフランフランというブランドを日本、
そして世界に広げていく姿を目の当たりにしたこと。
森田が世界に通じるデザイナーになったこと。
本田は僕がハワイ、
そして世界に対してもっと出ていかなきゃいけない
ということを教えてくれた。
もともと健常者だった松村は
どんどん身体が悪くなっていくのに、
どんどん会社をでかくし、
ついには僕の人生まで飲み込んでしまった。
そして、鈴木という
たまたま僕のやっていたクラブに遊びに来ていた常連が
僕の大事なパートナーになり、
そして僕のいちばん大切なものを託した

自分の周りにいる人が輝いていることが
僕の自慢。
この5人のように
僕を光らせてくれる人は
僕の周りにはたくさんいる。
ただ、僕が光らせてもらっているだけでは
この関係は続かない。
僕がその人たちの側にいることによって、
彼らの光にもなれたら、といつも思っている。

感謝。

稲本健一

株式会社ゼットン創業者
株式会社 DD ホールディングス取締役兼海外統括 CCO

1967 年生まれ、石川県出身。大学卒業後、東京の商社、名古屋のデザイン事務所に勤務。その後 1993 年、期間限定ビアガーデンのプロデュースで成功を収めたことをきっかけに、本格的に飲食ビジネスの世界へ。1995 年にゼットンを設立。「店づくりは街づくり」を掲げ、1 店舗ごと異なる店づくりで注目を集める。2006 年、名証セントレックス上場。名古屋徳川園や横浜マリンタワーなどの公共事業再生など、ユニークな事業をいくつも展開。2017 年 5 月にゼットンの会長職を退任後、現職に。DD ホールディングス全グループ会社の海外統括担当として、同社の海外展開の全指揮をとる。ハワイでは「ALOHA TABLE」、「Goofy Café & Dine」、「HEAVENLY Island Lifestyle」を立ち上げる。2018 年 5 月にはワイキキに和食レストラン & バー「ZIGU（ジグ）」をオープンし、話題に。
年間半分以上ハワイを中心に海外に滞在。トライアスロン、サーフィン、スキーをこよなく愛するマルチアスリート。トライアスロンなどを経営者層に広めたインフルエンサー。その活動は飲食業界の枠を超えて、スポーツ界やファッション界にも影響を与える。

**ハワイに住んでサーフィンしてたら
会社やめちゃいました**

2018 年 7 月 30 日　第 1 版　第 1 刷発行

著　者　　稲本健一
発行者　　玉越直人
発行所　　WAVE 出版
〒 102-0074　東京都千代田区九段南 3-9-12
TEL 03-3261-3713　FAX 03-3261-3823
振替 00100-7-366376
E-mail: info@wave-publishers.co.jp
http://www.wave-publishers.co.jp

印刷・製本　萩原印刷

NDC336　215p　19cm　ISBN978-4-86621-161-9